基于认知合理化视角的
职务舞弊形成机理与
控制策略研究

RESEARCH ON THE GOVERNANCE MECHANISM AND
EFFECT OF EXECUTIVES' SYNERGISTIC ALLOCATION
IN PARENT AND SUBSIDIARY CORPORATIONS

陈邑早　著

人民出版社

总　序

近年来，山东财经大学高度重视高水平科研创新，相继出台系列科研支持政策，不断加强制度保障，极大地促进了高水平成果的产出。为进一步发挥学校优秀科研成果和科研人才的示范带动作用，彰显学校财经优势学科建设成效，促进学校哲学社会科学高质量发展，山东财经大学推出系列优质精品学术著作在人民出版社出版。本系列著作以党的二十大、二十届二中全会精神和习近平总书记重要论述作为选题重点，完整、准确、全面贯彻新发展理念，主动服务和融入新发展格局，通过深入分析和系统研究，探讨新时代背景下财经领域的战略性问题，致力于推动学术研究和实践相结合，为国家的繁荣发展贡献智慧和力量。

山东财经大学是财政部、教育部、山东省共建高校，一直秉持"立德树人、经世济民"的办学宗旨，弘扬"克明峻德、格物致知"的校训精神，全力推进内涵式高质量发展，建立起以经济学、管理学为主体，文学、理学、法学、工学、教育学、艺术学等多学科协调发展的学科体系，形成鲜明的办学特色，为国家培养了大批高素质人才，在国内外享有较高声誉和知名度。学校现设有 24 个教学院（部），全日制在校本科生、研究生 30000 余人。拥有 58 个本科专业，29 个国家级一流本科专业建设点。拥有应用经济学、管理科学与工程、统计学 3 个博士后科研流动站，应用经济学等 4 个一级学科博士学位授权点，11 个一级学科硕士学位授权点，20 种硕士专业学位类别。在"2024 软科中国大学专业排名"中，学校 A

以上专业 29 个，位居全国财经类高校第 13 位。工程学、计算机科学和社会科学进入 ESI 全球排名前 1%。

学校以全国一流财经特色名校为发展目标，坚定高质量内涵式发展方向，扎实推进学术创新，科研工作取得了明显成效。近五年，学校承担国家级科研课题 180 余项，其中，国家重点研发计划 1 项，国家社会科学基金重大项目 5 项，立项层次不断提升，学科分布逐年拓宽。学校累计获批省部级科研奖励 110 余项，成功入选《国家哲学社会科学成果文库》，实现人文社科领域研究成果的重大突破。学校教师发表 3500 余篇高水平学术论文，其中，被 SCI、SSCI 收录 1200 余篇，被 CSSCI 收录 1100 余篇，在《中国社会科学》《经济研究》《管理世界》等中文权威期刊发表 20 余篇。科研成果的竞相涌现，不断推进学校哲学社会科学知识创新、理论创新和方法创新。

2024 年是新中国成立 75 周年，是扎实推进中国式现代化的关键时期。在新的起点上，山东财经大学的学术研究将进一步体现鲜明的时代特征、时代价值与实践要求，以习近平新时代中国特色社会主义思想为指导，围绕迈向中国式现代化道路上面临的亟待解决的新问题，在新时代新征程上，稳中求进，积极关注并引领财经学术研究前沿，聚焦国家发展战略和地方经济社会转型实际，力求提出符合国家发展战略的具有针对性、现实性和较强参考价值的思路与对策。我相信，山东财经大学在人民出版社的系列专著出版计划将为全校教师营造更加浓厚的科研学术氛围，构建更加有利于人才汇集和活力迸发的学术生态环境，进一步激励广大教师持续产出具有重大影响的原创性、标志性、引领性学术成果，在积极构建中国特色哲学社会学科体系、学术体系、话语体系方面充分展现齐鲁特质、发出财大声音，谱写学校高质量发展新篇章。

山东财经大学校长：洪俊杰

2024 年 4 月 16 日

目　录

序　言

一直以来职务舞弊问题以其高发性、高危害性和高隐蔽性成为公司治理领域久治不愈的"毒瘤"，严重冲击了国民经济的运行规律，增大了社会财富的分配不公，无疑是制约我国经济高质量发展以及国家治理能力与治理体系现代化建设道路上的现实阻碍。为此，学术界和实务界一直以来互通互融致力于寻求职务舞弊成因及其治理的"良方"。可以说，自现代公司治理架构产生以来，有关职务舞弊形成的动因理论中，学术探讨与实践应用程度最广的便属阿尔布雷希特等（Albrecht, et al., 1995）所提出的舞弊三角理论，该理论清晰地指出，压力、机会和认知合理化共同构成职务舞弊治理的三大核心因素。

透析行为人职务舞弊决策的动态过程，职务舞弊动机的产生源于压力因素的驱使，在此基础上，行为人欲实施舞弊仍须突破"两道防线"的束缚，其中包括外在防线（制度关）和内在防线（心理关），而舞弊三因素的另外两大因素——机会和认知合理化，则分别成为瓦解"两道防线"的关键"禁钥"。从职务舞弊防治的角度而言，对机会因素的把控专注于外在监管与内部控制制度建设等外部硬约束，属于外因治理范畴；而认知合理化因素则专注于行为人的道德自律性，从道德心理层面解释了"行为人为什么实施不道德行为"的潜在心理过程，属于更加根源、更为基础的内因治理范畴。然而遗憾的是，在过去的治理实践中，不论是理论界还是实务界，都将视角集中于压力和机会，对认知合理化因素的忽视导致了传统

1

舞弊治理机制存在着巨大缺口。此外，立足于社会道德建设层面，作为一种基本心理特征，职务舞弊行为中的认知合理化因素映现的是一种社会文化道德问题。在认知合理化的作用下，行为人会出现道德自律能力的下降，而失去道德约束力的直接后果便是出现严重的"社会道德滑坡"现象。作为国家治理体系现代化建设的重要组成部分，党的十九大报告明确将"加强社会道德建设"列为我国一项极为重要的战略任务。在此背景下，基于认知合理化的职务舞弊行为研究不仅具有重要的理论意义，更是一个兼具实践治理价值的研究命题。

然而，认知合理化因素属于潜在心理层变量，囿于其难以被捕捉、控制和度量，因此，相关理论研究仍处于探索性阶段，存在诸多尚待突破的基础性研究桎梏和尚待检验的应用性研究主题。具体地，包括认知合理化的内在结构问题、识别度量问题、影响效应问题、作用机理问题与诱发因素问题等，而上述问题的存在无疑制约着认知合理化因素在理论与实践层面的应用与发展。有鉴于此，对上述问题加以回答和阐明则构成本研究得以立论和展开的初衷。

具体而言，本研究试图回答以下问题：

第一，在职务舞弊行为领域，认知合理化的内在结构为何？具体包含哪些维度和路径？如何实现对这一心理因素的有效测度？

第二，从特定维度层面而言，认知合理化是否真正影响个体的职务舞弊行为决策？其作用机理是什么？不同认知合理化间的影响效应是否存有差异？

第三，在实践情景中，哪些现实因素会成为诱发个体认知合理化的信息情景，继而沦为个体职务舞弊行为的潜在"催化剂"？

为回答上述问题，本研究遵循了以下研究思路：

本书沿着"背景介绍与问题提出→文献回顾与述评→概念界定与理论基础分析→结构探索与量表开发→作用机理检验→诱发因素探究→控制策

略提出"的具体路径递进展开。首先，通过背景分析和文献回顾，明确以往研究的阶段性成果和亟待解决的问题，在此基础上，通过扎根研究和定量检验实现对职务舞弊认知合理化这一内在心理因素的结构探索与量表开发，并据此揭示出职务舞弊认知合理化的二阶三维结构。其次，运用调查研究和实验研究法，逐章逐维度依次考察不同维度认知合理化对企业行为人职务舞弊行为的影响效应、作用机理与诱发因素。最后，在理论分析与实证结论的基础上，从"情绪干预机制"与"信息抑制机制"两个层面提出相应的控制策略，以修正原有舞弊治理机制的人性化缺失。

本书主要包括以下三大研究部分：

第一，理论基础部分，包括本书的第一章、第二章、第三章。其中，第一章为国内外研究现状与发展动态分析，以职务舞弊行为动因为切入点，系统地回顾了以认知合理化为核心的相关变量及其研究，并对研究领域的前沿性问题进行理性展望和分析，引出本书的研究方向和研究重点。第二章为概念界定与理论基础，对职务舞弊行为、认知合理化因素进行了概念界定。在明确个体职务舞弊行为决策心理路径的基础上，对职务舞弊行为的动因理论、认知合理化的动因理论进行了阐释与分析。第三章为结构探索与量表开发，通过扎根研究和定量检验，实现对职务舞弊行为中认知合理化因素的结构探索与量表开发。

第二，实证研究部分，包括本书第四章、第五章和第六章。本部分章节遵循"认知合理化→职务舞弊行为→诱发因素探究"的研究路径，运用调查或实验研究方法，探讨不同维度下认知合理化对职务舞弊行为的影响效应、作用机理与诱发因素。其中，第四章针对认知合理化因素的第一个维度——认知重构维度，第五章针对认知合理化因素的第二个维度——责任扭曲维度，第六章针对认知合理化因素的第三个维度——价值贬低维度。

第三，控制策略部分，为本书的第七章。在前文文献梳理、理论基础、结构探索以及实证研究的基础之上，总结全书，凝练研究结论。并基于"情绪干预机制"与"信息抑制机制"两个层面，提出相应的控制策略，以修正原有制度的人性化缺失，同时，指明本书的研究局限以及该领域研究的未来展望。

需要说明的是，本书的相关研究结论旨在从认知心理视角揭示个体职务舞弊决策的"心理黑箱"，构建基于认知合理化因素的职务舞弊控制策略，进而为职业道德体系的建设与舞弊治理机制的完善提供经验参考。

本书的出版获得山东省自然科学基金青年项目（项目编号：ZR2023QG055）和山东省高等学校青创团队计划（项目编号：2022RW043）的资助。在研究过程中，笔者得到陈艳教授、于洪鉴博士、王圣媛博士、黄诗华博士的帮助，在此深表感谢。

绪　论

第一节　研究背景与问题提出

一、研究背景

在全球范围内，职务舞弊事件的频繁爆发给各国的经济发展与社会稳定造成了极大的破坏和妨害，因而，如何建立和完善有效的反舞弊机制成为公司治理领域研究的重点话题与热点实践。根据美国注册舞弊审查师协会（Association of Certified Fraud Examiners，ACFE）发布的《2020 年各国舞弊调查报告》，2018 年 1 月至 2019 年 9 月调查的 2504 起职务舞弊案件覆盖 125 个国家 23 个行业，造成高达 36 亿美元的经济损失，且案件中近 80％的舞弊行为是由运营、会计、高层管理、销售、客户服务、行政支持、金融、采购八个部门的员工实施的。与此同时，ACFE 基于对多名注册舞弊审查师意见的统计，提供了一个每年因职务舞弊而损失年收入百分比的最佳估计，即平均每个组织每年损失的中位数为年收入的 5％。以 2018 年世界生产总值 85.79 万亿美元为例，2019 年估计全球职务舞弊损失近 4.3 万亿美元。

2020 年 10 月 9 日，国务院印发《关于进一步提高上市公司质量的意见》（国发〔2020〕14 号）（以下简称《意见》）。《意见》指出，作为资本市场的基石，我国上市公司现阶段的治理水平与发展质量仍无法满足建设现代化经济体系、推动经济高质量发展的现实需求。从"两康事件"到"瑞幸咖啡"，上市公司舞弊事件的频发严重损害了资本市场的健康发展。据证监会数据统计，仅2019年一年，证监会对上市公司、中介机构等累计下发了149份行政处罚决定书，较2018年增加了18.25%。追本溯源，上述种种问题的呈现最终离不开一个核心焦点，即我们对于舞弊行为的实施主体——"人"的认知问题：行为人为什么会实施职务舞弊？过往的治理机制又存在着哪些亟待解决的关键问题？

作为现代公司治理架构中理论探讨与实践应用程度最广的职务舞弊动因理论，舞弊三角理论清晰地指出，压力、机会和认知合理化共同构成职务舞弊治理的三大因素。自此，从国际性的反舞弊组织到我国的审计准则，压力、机会和认知合理化都被视为舞弊行为预防与控制的重要治理框架。具体而言，压力因素是指刺激个体为其自身利益实施舞弊行为的先决动机，机会因素则指能够为行为人提供具有隐蔽性且大概率逃避惩罚的舞弊路径，而认知合理化则指行为人需要引证虚假托辞来指称行为合理的借口和理由。自此，认知合理化因素正式作为一种理论工具而被纳入职务舞弊形成机理的解释范畴之中。

鉴于上述，我国近年来不断围绕建设以内部控制制度为核心的外部约束机制，以期发挥出抑制舞弊机会，保证经济运行效率效果的治理作用。然而，相比之下，以认知合理化因素为基础，以行为人内部防线构建为导向的职务舞弊治理策略研究却进展缓慢。这不由地引发笔者对于该因素的理论形成及其应用价值进行重新反思：认知合理化能否对职务舞弊的治理产生独特且不可替代的治理价值？是什么原因导致该因素在职务舞弊治理的过程中陷入了理论研究与实践应用的双重泥潭？认知合理化视域又能否成为打开职务舞弊治理天窗的关键着力点，引入"内化于心，固化于制，外化于形，实化于行"的创新治理策略？

对上述问题的反思引发了笔者对理论治理逻辑的再度审视，本书认为基于认知合理化视角的职务舞弊行为研究，其价值性至少体现在以下两个方面。

第一，有助于促进内外因协同治理，修正原有舞弊治理机制的人性化缺失。从实践诉求来看，以机会因素为基础的外部防线治理机制以其普适性广、实操性强而成为现阶段舞弊治理的核心路径，但应该承认，外部治理机制也存在固有局限。在现实情景中，较为完善的公司治理机制和内部控制机制需要依赖高昂的建构和维护成本，即便先且不论成本门槛对公司治理水平的约束。在舞弊治理"道魔相长"的过程中，制度建设落后于缺陷产出是其固有局限，绝对完善、不存漏洞的内部控制机制只是理想化的，科技发展、环境变迁强推外部防线治理机制完成一次次从"破碎"到"重塑"的必然循环。自古以来，善治人者治心，缺乏人性化考量的治理机制，纵使极尽完善，亦只是暂时性的。唯物辨证思想认为，内因是事务发展的根源，外因通过内因发挥作用。倘使压力因素存在时，机会和认知合理化可被分别视为外因治理和内因治理，因此，想要从根本上解决舞弊行为的治理问题，认知合理化因素不可或缺。

第二，有助于加强道德文化建设，防范由于道德滑坡所引发的企业伦理问题。本质上，职务舞弊认知合理化是一种社会道德文化问题，认知合理化的影响会导致行为人道德自律能力的下降，而失去道德约束力的直接后果便是出现严重的"社会道德滑坡"现象。姚洋和秦子忠（2017）指出，一个国家的治理形式必须和本国民众的社会文化道德相契合。而党的十九大报告更是明确将"加强社会道德建设"列为我国一项极为重要的战略任务，这表明，作为国家治理体系建设的重要组成部分，我国的社会道德文化建设之路任重而道远。因此，基于认知合理化的职务舞弊行为研究将对加强资本市场乃至社会的道德文化建设有所裨益，为推动我国国家治理体系和治理能力现代化添砖加瓦。

二、问题提出

目前，基于认知合理化视角的职务舞弊形成机理与控制策略研究尚处于探索性阶段，存在许多尚待突破的研究困境，而这些困境的存在无疑制约该因素在理论与实践层面的应用与发展。具体而言，上述困境主要表现在以下两个方面。

第一，在职务舞弊研究领域，研究者们关于"认知合理化究竟包含什么"这一基本问题仍存困惑。依据过往为数不多的经验证据，可以确定的是，行为人在实施职务舞弊过程中所展现出的认知合理化（借口）是多维度和多方法的，但目前不论是理论界还是实务界，我们在这一点的认知上均是零散化且不成体系的。即使是在舞弊三角理论的纵深拓展中，关于认知合理化的介绍亦是浅尝辄止，更不必说，在美国注册会计师协会《审计准则第 99 号——考虑财务报告中的舞弊》以及《中国注册会计师审计准则第 1141 号——财务报表审计中对舞弊的考虑》中均仅以例证式的阐释为主。因此，想要进一步推进该因素在理论和实践层面的应用和发展，其首要前提是系统厘清"职务舞弊行为中认知合理化因素的内在结构和常见路径"，否则，相关研究和探索将内卷于"盲人摸象"的片面性阶段。

第二，在职务舞弊研究领域，认知合理化仍存在很强的识别和度量障碍。一方面，不论是在现实识别或是在实验测度中，认知合理化的捕捉需要依赖于宽口径的诱导机制让对方将内在心理感受以外在可记录的形式表达出来，这一过程既要依赖有效的双方互动，又涉及客观的内容分析，整体操作难度上较高；另一方面，认知合理化的产生具有较强的情景依赖性，因此在正常情况下，很难在文档研究中找到令人满意的代理变量。因此，直至目前，在职务舞弊行为研究中，认知合理化的测度方式因文而异，基本表现为"一文择取一法"的现象，尚未呈现出被一致借鉴和认同的度量方式。

除此之外，囿于上述困境，该领域还衍生出如下亟待进一步解决的模糊性问题。

第一，过往研究困于缺乏对认知合理化具体维度的系统性认知，研究者们无法进一步精确检定"特定维度认知合理化对职务舞弊行为的影响"，也无法进一步深化揭示"不同认知合理化对职务舞弊行为影响的敏感性差异"。截至目前，理论上，阿尔布雷希特等（Albrecht, et al., 1995）的舞弊三角理论明确指出，认知合理化是舞弊行为产生所必不可少的因素之一，实践上，这一理论预期也得到了王敏和李瑕（2011）、金花妍和刘永泽（2014）等研究的证据支持，但上述研究却仅限于在整体维度层面进行考察。在后续的研究中，布朗（Brown，2014）、陈邑早等（2019）逐渐提出考察特定维度认知合理化对职务舞弊行为影响的必要性和价值性。一方面，可以精确检定特定维度认知合理化影响的理论适用性；另一方面，可以对比分析"哪种认知合理化机制具有更高影响力"这一具有实践价值性的重要问题。

第二，认知合理化对职务舞弊行为影响的作用机理尚不明晰。前已述及，作为一种潜在心理层变量，理论上，认知合理化可以通过瓦解行为人的内在道德防线从而对个体的职务舞弊行为产生影响。沿此逻辑，一个自然的问题是，个体内在道德防线的具体心理表征是什么？无疑，厘清该问题将有助于进一步揭示认知合理化对职务舞弊行为影响的心理黑箱。

第三，从舞弊治理的角度而言，诱发个体认知合理化的信息情景有待于进一步探究。理论上，个体认知合理化的产生并非是凭空捏造的，而是需要依赖于相应的信息供给。换而言之，行为人能否合理化以及选择何种认知合理化方式取决于具体情景中能否获取以及所获取的信息类型。因此，在职务舞弊情景下，实现对认知合理化诱发信息的有效识别将有助于在前置端口为相应抑制机制的建构提供证据支持。

综上所述，对上述"两困境三问题"加以回答和解决是本选题得以设立和展开的初衷。在"两困境"方面，本书拟基于扎根理论，并采用系统规范的检验程序，实现对职务舞弊行为中认知合理化因素的结构探索和量表开发，以尝试揭开目前该因素尚未可知的结构"面纱"，并系统性地构建相应的测量工具；在"三问题"方面，本书拟采用调查和实验研究法，实证考察认知合理化对企业职务舞弊行为的影响效应与作用机理，并检验不同认知合理化间影响的敏感性差异。在此基础上，本书还会在进一步研究中对认知合理化的诱发信息加以识别和检验，以期从作用路径和信息源头上为构建相应的控制策略提供经验参考。

第二节　研究意义与研究目标

一、研究意义

（一）理论意义

第一，本研究能够拓展和深化舞弊三角理论的理论内涵，弥补现阶段对合理化因素认知不足、识别受限、度量存碍的阶段性困境，进而为推进后续的理论与经验研究作出基础性贡献。尽管舞弊三角理论将合理化因素作为职务舞弊"道德侧"治理的重要动因，但囿于其属于潜在心理层变量，合理化因素的识别和度量问题一直是困扰相关理论研究展开的基础瓶颈。包括舞弊三角理论在内，已有研究对合理化因素的内涵阐释主要停留在概念描述上，合理化因素具有哪些类型、表现及其结构特点尚不明晰，更缺乏系统性的经验验证，而这些问题却是构成合理化因素理论识别的重要知识基础。本研究将试图厘清职务舞弊行为中认知合理化因素的内部构成，并开发相应的测量工具，以期突破上述基础理论瓶颈，从而拓展和深化舞弊三角理论的理论内涵。

第二，本研究将组织情境因素融入舞弊治理研究的理论框架，对认知合理化因素在组织实践中的诱发因素进行识别和检验，进一步丰富和拓展舞弊三角理论在组织管理领域的应用范畴。明晰认知合理化因素如何形成以及在怎样的组织环境下更易形成是实现合理化因素控制和治理的重要理论基础，而已有研究对这一问题的讨论却十分匮乏。本研究将通过对合理化的诱发因素进行识别和检验，从而分析和探讨其在组织情境中的形成机制。研究过程能够有效地将舞弊三角理论嵌入经典的组织管理情境中，并对中国本土化的文化、关系等情境因素加以考量，从而丰富和拓展舞弊三角理论在组织管理领域的应用范畴。

第三，本研究能够从心理学视角拓展职务舞弊治理问题的理论研究范畴，进一步加深现有研究对于舞弊决策"心理黑箱"的认识，促进会计学、审计学与心理学交叉领域研究的融合和深化。厘清认知合理化因素对职务舞弊行为的影响路径是限制该因素发挥效用，进而完善职务舞弊治理机制的重要理论切入点，但目前鲜有研究对这一问题展开深入探索。本研究将依据认知失调理论，试图从情绪体验角度揭示合理化因素对职务舞弊行为的作用路径，进而从心理学视角拓展职务舞弊治理问题的理论研究范畴，促进交叉学科领域研究的融合和深化。

（二）实践意义

第一，本研究有助于从行业或企业层面为完善职业道德体系建设提供管理启示与经验参考。认知合理化因素是导致个体职业道德自律机制失效的根源之一，本研究拟基于认知合理化因素形成机制与作用路径的研究结论，从信息抑制机制与情绪干预机制两个角度建构相应的控制策略，进而为完善职业道德体系建设提供管理建议。

第二，本研究有助于加深准则制定者对舞弊三角理论中认知合理化因素的理解，进而为推动审计准则应用指南的后续完善提供科学参考。《中国注册会计师审计准则第 1141 号》应用指南将认知合理化因素作为舞弊行为治理的重要动因，但与之相关的方案说明与应用建议却十分有限。本研究的相关结论有助于深化准则制定者对认知合理化因素内部构成、形成机制以及影响路径的认识，从而为审计准则应用指南的后续完善提供有效参考。

第三，本研究有助于深化审计人员对导致行为人道德退化情境因素的认识，拓展职务舞弊行为的红旗信号，进而为舞弊风险的识别和预警提供增量参考。本研究能够实现对认知合理化在组织情境中诱发因素的有效识别，在实践中，这些情境会成为诱使行为人"道德自律能力下降"进而导致职务舞弊风险升高的重要因素。因此，加深审计人员对上述因素的理解和认识，将有助于为舞弊风险的识别和预警工作提供增量参考。

二、研究目标

基于前述研究问题，本书包含以下三个具体研究目标。

目标一：实现对职务舞弊行为中认知合理化因素的结构探索与量表开发。

在职务舞弊行为研究领域，认知合理化的内在结构为何？具体包含哪些维度和路径？如何实现对这一内在心理因素的有效测度？上述问题一直以来是该领域亟待突破的重点与难点所在。本书结合现有文献和治理实践，从定性研究出发，通过扎根理论和编码分析实现对职务舞弊认知合理化内在结构的探索和归纳，进一步，通过系统规范的定量检验，实现对职务舞弊认知合理化的结构验证，并编制相应的测量量表。

目标二：探究认知合理化对职务舞弊行为的影响效应、作用机理与诱发因素。

基于对职务舞弊认知合理化内在结构的揭示，探究三个不同维度（认知重构维度、责任扭曲维度和价值贬低维度）下，认知合理化对于企业行为人职务舞弊行为的影响效应与作用机理，以及不同认知合理化影响的敏感性差异。进一步，基于信息搜寻层面，考察在实践情境中，哪些因素会成为诱发个体认知合理化的信息情景，进而沦为个体职务舞弊行为的潜在"催化剂"。

目标三：完善认知合理化视角下职务舞弊行为的治理机制与控制策略。

在理论分析的基础上，结合调查研究与实验研究的结果，以及我国企业的现实情境，完善相应的舞弊行为治理机制，以修正原有制度的人性化缺失。主要包括以下两个方面：第一，基于作用机理研究，提出相应的"情绪干预机制"，以期从作用路径上构建相应的控制策略；第二，基于诱发因素探究，提出相应的"信息抑制机制"，以期从信息源头上构建相应的控制策略。

第三节　研究思路与研究方法

一、研究思路

根据上述研究目标，本书的研究思路分为以下三个递进层次。

第一层次为研究基础。在研究背景、文献综述及理论分析的基础上，通过资料搜集、调研访谈、扎根研究、复核校验、项目提纯、结构验证、信效度检验等多个步骤，探索性地揭示了认知合理化因素二阶三维的内在结构，并构建了相应的测度量表。其中，二阶层面的三个维度分别为认知重构维度、责任扭曲维度、价值贬低维度。认知重构维度的一阶构面包括道德辩护、委婉标签与有利比较；责任扭曲维度的一阶构面包括责任转移、责任分散与结果忽视；价值贬低维度的一阶构面包括差序歧视与责备归因。据此，为本书后续实证研究的展开奠定测量基础。

第二层次为实证检验。探究认知合理化对职务舞弊行为影响的作用机理与诱发因素。具体而言，依据认知合理化因素的二阶三维结构（认知重构维度、责任扭曲维度、价值贬低维度），逐章依次探讨各维度下认知合理化因素对职务舞弊行为的影响，并通过构建"认知合理化→负性情绪→职务舞弊行为"的中介效应模型来揭示其作用机理。与此同时，细化区分考察不同认知合理化因素对职务舞弊行为影响的敏感性差异。进一步，基于信息搜寻层面，选取相应的实践情景，实证考察各维度下认知合理化因素的诱发情景。具体而言，认知重构维度下，基于道德辩护、委婉标签、有利比较合理化的内在逻辑，从理论层面选取"组织认同""道德认同""监管处罚公告"作为配对信息情景；责任扭曲维度下，基于责任转移、责任分散、结果忽视合理化的内在逻辑，从理论层面选取"威权领导""工具型组织伦理氛围""重要性水平设定"作为配对信息情景；价值贬低维度下，基于差序歧视、责备归因合理化的内在逻辑，从理论层面选取"组织差序氛围""心理契约破坏感"作为配对信息情景。

第三层次为控制策略。在理论分析与实证检验的基础上，结合我国企业的现实情境，从"情绪干预机制"与"信息抑制机制"两个层面完善相应的舞弊行为治理策略，以修正原有制度的人性化缺失。其中，情绪干预机制主要基于认知合理化的作用机理角度，从作用路径上构建相应的控制策略；信息抑制机制主要基于认知合理化的诱发因素角度，从信息源头上构建相应的控制策略。

本书的研究思路框架如图 0-1 所示，其中，研究一为第一层次，研究二、三、四为第二层次，研究五为第三层次。

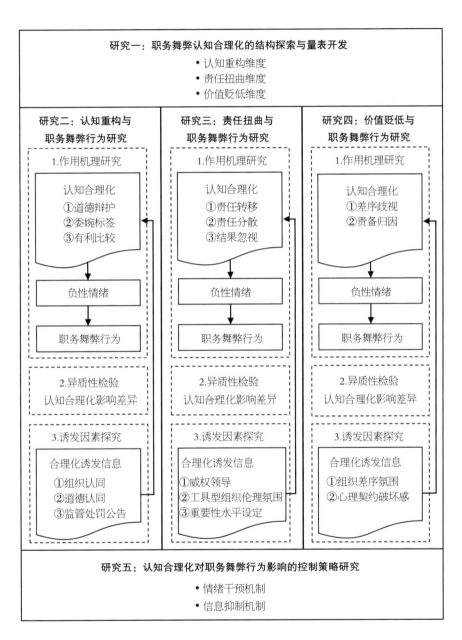

图 0-1 研究思路框架图

二、研究方法

根据全书研究思路，本书采用的研究方法具体如下。

针对第一层次研究基础部分，首先，通过时事整理及理论梳理，阐明本书研究的现实背景和理论背景，并采用理论归纳法提出本书拟解决的关键科学问题。其次，采用文献归纳法对现有文献归纳并梳理，厘清基于认知合理化因素的职务舞弊研究脉络与现状，并通过历史分析法对现有文献进行综合述评，提出该领域研究亟待解决的前沿性问题。在理论基础方面，通过理论分析法，对职务舞弊行为与认知合理化的动因进行阐述和分析。最后，通过访谈研究、扎根研究、理论演绎和调查研究法，实现对职务舞弊行为中认知合理化因素的结构探索与量表开发。

针对第二层次实证检验部分，依据职务舞弊认知合理化的二阶三维结构（认知重构维度、责任扭曲维度、价值贬低维度），通过理论演绎和逻辑推理，推论出本书的关键研究假设，并通过调查研究法，逐章依次探究各维度下认知合理化对职务舞弊行为的影响机理。在此基础上，运用比较研究法，细化考察不同认知合理化对职务舞弊行为影响的敏感性差异。进一步，基于信息搜寻层面，选取相应的实践情景，采用调查或实验研究法，考察各维度下职务舞弊认知合理化的诱发因素。最后，通过归纳分析法，对本书的实证研究结论进行总结和分析。

针对第三层次控制策略部分。基于经验总结法，对前文的理论研究内容进行概括和延伸，并通过对实证研究结论的归纳分析，结合我国企业的现实情境，从"情绪干预机制"与"信息抑制机制"两个层面提出相应的职务舞弊控制策略。

第四节　研究内容与研究创新

一、研究内容

为实现研究目标，依据研究思路，本书的研究内容分为七个章，每章具体内容如下。

第一章：国内外研究现状与发展动态分析。本章以职务舞弊行为中的认知合理化研究为切入点，系统性地回顾了以认知合理化为核心的相关变量及其研究。本部分包含五节：第一节梳理基于舞弊三角理论的职务舞弊行为研究，并从动因分析、识别研究和治理研究三个角度展开论述；第二节介绍职务舞弊认知合理化的识别与测度，包括资本市场会计研究与行为会计实验研究两个部分；第三节梳理有关职务舞弊认知合理化作用机制的相关研究，分为整合维度下的经验证据和单一维度下的经验证据两类；第四节梳理有关职务舞弊认知合理化的控制策略研究，并从个体因素层面和情景因素层面进行整合；第五节为文献述评。

第二章：概念界定与理论基础。本章对职务舞弊行为、认知合理化进行了概念界定。在明确个体职务舞弊行为决策心理路径的基础上，对职务舞弊行为的动因理论、认知合理化的动因理论进行了阐述与分析。

第三章：职务舞弊行为中的认知合理化研究：结构探索与量表开发。本章通过系统规范的检验程序，实现对职务舞弊认知合理化内在结构的探索与验证，并编制经信效度检验的认知合理化量表。首先，从定性研究出发，在文献分析和深度访谈的基础上，借助扎根理论和编码技术实现对认知合理化因素的结构探索和归纳，并构建初始量表。其次，通过预调研数据，采用项目鉴别度分析、项目信度分析、项目因子分析等方式实现项目提纯。再次，通过正式调研数据，采用项目鉴别度检验、探索性因子分析、验证性因子分析，以及信效度检验等程序实现结构验证。最后，以行为人的人格特质作为关联效标对认知合理化量表的效标效度进行实证检验。

第四章：认知重构与职务舞弊行为研究。在第三章实现了对认知合理化因素三维结构验证的基础上，本章将对认知合理化因素的第一个维度——认知重构维度及其与职务舞弊行为之间的关系展开探究。遵循"认知重构→职务舞弊行为→诱发因素探究"的研究路径，运用调查或实验研究方法，探讨认知重构维度下认知合理化对职务舞弊行为的影响效应、作用机理与诱发因素。首先，实证检验认知重构维度下道德辩护、委婉标签及有利比较合理化对职务舞弊行为及舞弊负性情绪的影响。其次，通过构建中介效应模型实证检验"认知重构→负性情绪→职务舞弊行为"的中介作用机理。再次，探索该维度下，不同认知合理化对职务舞弊行为影响的程度差异。最后，在进一步研究中，基于信息搜寻的视角，选取"组织认同""道德认同""监管处罚公告"三个实践情景，采用调查或实验研究方法，实证考察认知重构维度下职务舞弊认知合理化的诱发因素。

第五章：责任扭曲与职务舞弊行为研究。在第四章探讨了认知重构与职务舞弊行为关系的基础上，本章将对认知合理化因素的第二个维度——责任扭曲维度及其与职务舞弊行为之间的关系展开探究。本章的整体研究框架与第四章一脉相承，遵循"责任扭曲→职务舞弊行为→诱发因素探究"的既定研究路径，运用调查或实验研究方法，探讨责任扭曲维度下认知合理化对职务舞弊行为的影响效应、作用机理与诱发因素。首先，实证检验责任扭曲维度下责任转移、责任分散及结果忽视合理化对职务舞弊行为及舞弊负性情绪的影响。其次，通过构建中介效应模型实证检验"责任扭曲→负性情绪→职务舞弊行为"的中介作用机理。再次，探索在该维度下，不同认知合理化对职务舞弊行为影响的程度差异。最后，在进一步研究中，基于信息搜寻的视角，选取"威权领导""工具型组织伦理氛围""重要性水平设定"三个实践情景,采用调查或实验研究方法,实证考察责任扭曲维度下职务舞弊认知合理化的诱发因素。

第六章:价值贬低与职务舞弊行为研究。基于前述两章的研究脉络,本章将对认知合理化因素的最后一个维度——价值贬低维度及其与职务舞弊行为之间的关系展开探究。同样,沿着"价值贬低→职务舞弊行为→诱发因素探究"的既定研究路径,运用调查研究方法探讨价值贬低维度下认知合理化对职务舞弊行为的影响效应、作用机理与诱发因素。首先,实证检验价值贬低维度下差序歧视、责备归因合理化对职务舞弊行为及舞弊负性情绪的影响。其次,通过构建中介效应模型实证检验"价值贬低→负性情绪→职务舞弊行为"的中介作用机理。再次,探索在该维度下,不同认知合理化对职务舞弊行为影响的程度差异。最后,在进一步研究中,基于信息搜寻的视角,选取"组织差序氛围""心理契约破坏感"两个实践情景,采用调查研究方法,实证考察价值贬低维度下职务舞弊认知合理化的诱发因素。

第七章:研究结论与控制策略。本章旨在总结全文并提出相应的控制策略,首先,通过梳理和归纳各章节的研究结果,提炼出本文的总体研究结论。其次,从"情绪干预机制"与"信息抑制机制"两个层面提出相应的职务舞弊控制策略。最后,指出本书的研究局限及未来可能的发展方向。

二、研究创新

本研究的特色之处是将认知心理因素融入管理学问题的研究当中,综合运用会计学、审计学、心理学、组织行为学等多学科领域的知识基础,从完善职业道德体系建设角度来改善职务舞弊行为的治理机制,具有明显的学科交叉特色。此外,本研究在理论与方法上又具有创新性,具体表现在以下几个方面。

第一，厘清舞弊三角理论中认知合理化因素的内部构成。缺乏对认知合理化因素内部构成的认识则难以解决其有效识别问题。然而截至目前，包括舞弊三角理论在内，已有研究对认知合理化因素的内涵阐释依然停留在概念描述阶段，更缺乏经验探索。基于此，本研究通过深度访谈并运用扎根理论，试图厘清认知合理化因素的类型、表现及其结构特征，进而突破该因素的理论识别瓶颈，具有一定的探索性和理论创新性。

第二，明晰认知合理化因素在组织情境中的形成机制。明确认知合理化因素如何形成以及在怎样的组织环境下更易形成是实现认知合理化因素控制和治理的关键理论基础。但在现有研究中，仅有少数文献尝试将认知合理化因素作为舞弊行为的中介解释机制展开分析，而未有文献对其形成机制展开深入研究。本研究将在很大程度上弥补这一现有研究的缺失，具有一定的理论创新性。

第三，从情绪体验视角揭示认知合理化因素对职务舞弊行为的影响路径。已有研究聚焦于检验认知合理化因素对职务舞弊行为的影响程度及其情境异质性，却未有研究关注其究竟通过何种途径影响职务舞弊决策，而厘清这一问题却是限制认知合理化因素发挥作用，进而完善职务舞弊治理机制的重要切入点，本研究将弥补这一现有研究不足，具有一定的理论创新性。

第四，本研究在方法上也具有创新性。针对认知合理化因素的测量，本研究将开发出相应的量表测量工具，这在测量方法上具有一定的创新性。在已往研究的测量方法中，不论是文档研究下的代理指标选取，还是实验研究中的现有测量手段，均无法在保证测量信度与效度的基础上，实现对该因素的有效刻画。本研究将试图弥补已有测量工具的不足，构建适用于我国职务舞弊研究领域的认知合理化量表，这在测量方法上具有创新性。

第一章　国内外研究现状与发展动态分析

本章以职务舞弊行为中的认知合理化研究为切入点，系统性地回顾了以认知合理化为核心的相关变量及其研究。

第一节　基于舞弊三角理论的职务舞弊行为研究

自阿尔布雷希特等（Albrecht, et al., 1995）提出舞弊三角理论以来，压力、机会和认知合理化成为职务舞弊行为研究的重要框架。该理论产生发展至今，已经成为职务舞弊研究领域的重要研究工具，并形成了三种不同视角的研究方向，即对职务舞弊行为进行动因分析、识别研究和治理研究。

一、基于舞弊三角理论的职务舞弊动因分析

舞弊三角理论指出，行为人想要实施舞弊，压力、机会和认知合理化三因素缺一不可。因此，大量的研究者以此作为舞弊行为产生的动因模型，以资本市场上的职务舞弊案例为研究对象进行动因分析，试图从三因素层面对舞弊行为的产生寻找动因解释。从研究早期的安然、南方保健、帕玛拉特等举世闻名的舞弊案例到现如今的万福生科、绿大地、康得新、

瑞幸咖啡等案件，总结上述案例的研究结论可以发现，舞弊行为人的舞弊压力多数来源于绩效、经济和声誉等方面，而舞弊机会多数是由于企业内部控制失效或者管理层凌驾于内部控制之上所导致。关于认知合理化这一因素，多数研究者是通过对新闻报道中所涉猎的访谈内容进行筛选，择取当事人对舞弊行为所提供的的托辞作为其认知合理化的心理表征，因此取材受限也导致相关的分析内容相较简单，难以真实地捕捉到行为人复杂的心理决策过程。同时，基于不同素材下的动因分析呈现出的是一种散点式的分析模式，难以对该领域的研究突破产生实质性的助益作用。于是，部分研究者转而选择以舞弊三角理论作为研究工具对职务舞弊行为的识别和治理展开研究。

二、基于舞弊三角理论的职务舞弊识别研究

以舞弊三因素为识别框架，通过寻找相应指标来建构舞弊的"红旗"信号和预警机制，以期能够刻画出舞弊行为的先兆，防微杜渐，是该领域的研究意义和价值所在。本书根据近十年来国内外以舞弊三因素为框架，以经济计量为手段所建构出的具有代表性的舞弊识别模型进行分类整理，如图1-1所示。从各识别指标内容及其发展情况来看，压力、机会因素下的识别指标逐渐丰富，同时大类维度也渐渐趋于稳定和一致。压力因素下的指标基本反映出企业的财务稳定性、财务目标、外部压力和个人财务压力等层面的内容；机会因素下的指标基本与企业性质、组织结构、股权结构、治理结构、内部控制与监督、特殊交易等方面相关；而认知合理化因素由于属于内在心理机制，其度量过程相较复杂和困难，因而早期研究者往往选择不予考虑（陈关亭，2007）。但近年来逐渐有相关学者尝试对该因素下的相关指标进行补充和丰富，起初研究者主要依据和借鉴的是美国注册会计师协会发布的《审计准则第99

号——考虑财务报告中的舞弊》（态度／借口）中关于"与前任和现任审计师的关系紧张"的应用示例，从而以审计相关事项来间接刻画被审计单位管理层对审计工作的整体态度，突破了过去认知合理化维度下"零指标"的研究瓶颈。随后，不断有学者从管理层特征与行为（金花妍和刘永泽，2014）以及企业盈余特征等因素进行补充。不过，这些间接的度量方式仍然无法有效且系统地刻画出这一复杂的内在心理特质，因而从目前的研究进展来看，认知合理化因素下的舞弊识别指标构建仍面临着较大的困难。

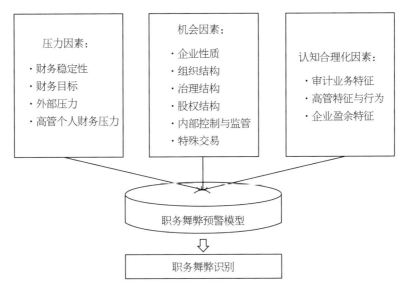

图 1-1　基于舞弊三角理论的职务舞弊识别模型图

三、基于舞弊三角理论的职务舞弊治理研究

基于压力视角下的职务舞弊治理研究，主要集中于通过公司治理与外部强制监管的方式来最大化压力因素对微观企业乃至宏观经济所产生的净效益。不可否认，压力因素是行为人职务舞弊行为的导火索，但是如果激

励得当，也会对行为人产生正向效用。因此，如何通过治理特征的设计（诸如权力调整、股权激励等）与外部强制监管手段的配合，在抑制职务舞弊行为的同时，最大化压力因素对企业的正向激励效用，是目前该领域的主要研究焦点。

基于机会视角下的职务舞弊治理研究，主要聚焦于治理结构与内部控制建设方面。在治理结构的研究上，已有研究分别考察了高管权力结构（赵国宇和唐红，2012；陈艳等，2017）、高管性别结构（周泽将等，2016）、高管背景特征（卢馨等，2015）、董事会职能缺失（苏欣和殷楠，2010）等对企业职务舞弊行为的治理效应；在内部控制建设上，已有研究从早期的企业内部控制的建设（樊行健和肖光红，2014；王海林，2017），再到现阶段的行政事业单位内部控制体系建设（刘永泽和唐大鹏，2013；唐大鹏等，2015；唐大鹏等，2017），上述研究均以内部控制建设作为工具和手段，抑制行为人实施职务舞弊的机会，从而有效减少舞弊行为的发生。

认知合理化因素潜藏于组织和生活环境中的各个层面，潜移默化的影响着个体的偏差行为决策。然而，作为一项心理特质因素，认知合理化因素不同于压力和机会，难以被捕捉、控制和度量的特性大大增加了其研究难度。因此，就目前而言，所形成的研究成果尚且不多，且集中来源于国外，如通过传递认知合理化的"自省"信号［墨菲（Murphy，2012）］、建构以共同价值观为基础的围栏机制［莱因斯坦和泰勒（Reinstein，Taylor，2017）］等，都可以通过抑制该因素来减少舞弊行为的发生。而就国内研究而言，基于认知合理化因素的职务舞弊治理研究尚处于盲区，未来具有很大的研究前景和研究价值。

第二节　职务舞弊认知合理化的识别与测度

在职务舞弊行为决策中，认知合理化是舞弊决策者的内在心理因素。正是由于其心理属性的特质性导致，任何尝试围绕舞弊三角理论与认知合理化因素所展开的实证研究，都以其可观测性与可度量性作为首要前提。因此，如何找到行之有效的度量方式将这一隐性特质显性化，成为该领域研究的一大难题。目前，在职务舞弊行为研究领域，已有研究范式主要分为两类：其一，基于资本市场数据的经济计量方法，以财务与非财务数据作为替代变量来实现测度；其二，基于行为会计实验的测度方式，在实验中通过访谈、对话以及问卷等方式展开度量。

一、职务舞弊认知合理化的经济计量：资本市场会计研究

基于资本市场数据的测度方式能够依托大数据优势展开研究，数据取得上占据优势，数据量大，应用广度高，但资本市场数据是结果化的、表征化的，其因果关系复杂性导致"由表及里"测度方式，其测量效度往往较低，测量误差也常常较大。因此，目前主要在围绕舞弊三角理论展开的职务舞弊识别研究中有所呈现和应用。表1-1中整理了国内外主要替代指标的选取内容，可归为三类：（1）审计业务相关指标，涵盖审计意见、审计师关系、审计师变更、事务所变更等；（2）高管特征与行为，包括高管教育背景及其不切实承诺；（3）企业盈余特征，主要围绕企业应计制盈余等相关指标。上述指标的选取依据主要来源于美国注册会计师协会颁布的《审计准则第99号——考虑财务报告中的舞弊》中关于态度／借口的相关示例。整体而言，一方面，多数指标偏向于反映管理层的"态度"而非严格意义上的"认知合理化"；另一方面，上述指标的选取多数属于外

部化且粗线条式的间接刻画，其影响因素过多且噪声过大。

表 1-1　基于资本市场数据的度量方式

文献来源	替代变量的选取
斯库森等（Skousen, et al., 2008）	审计师变更；审计意见；应计盈余
韦琳等（2011）	审计意见；审计师变更
王敏和李瑕（2011）	审计师变更；事务所变更；非标审计意见；舞弊前应计水平；舞弊前应计方向
李敬等（2013）	与审计师关系
金花妍和刘永泽（2014）	高管平均教育背景；管理者不切实承诺；与审计师关系
伍中信和陈玲（2015）	审计意见；事务所更换
巴林桐岸等（Parlindungan, et al., 2017）	审计师变更

二、职务舞弊认知合理化的实验测度：行为会计实验研究

在职务舞弊行为研究中，基于认知合理化因素的实验测度方式主要分为三类，分别为自我报告法、量表度量法与前因变量法。实验测度方式较资本市场指标而言，其刻画和度量更具针对性和灵活性，因此其度量效度相较更高。但其不足之处在于，测量工作量较大，数据较难取得，数据量往往较少，且可重复性相较较低。

（一）自我报告法

自我报告法是指，通过自我报告的方式让舞弊行为人说明其实施舞弊行为的因由。该方法在墨菲（Murphy，2012）的实验研究中被使用。一旦实验被试选择虚报收入，移动端会自动弹出"你为什么会选择虚报收入"的对话框来让错报者作出解释。自我报告法常常是心理学研究中关于某项心理特质的早期测度方式，该方法的主要优点在于，可以直接捕捉到被试者的真实想法，信度较高，同时有可能发现基于特定情景下的新的认知合

理化方式，例如，在墨菲（Murphy，2012）的实验中，部分被试者会通过质疑实验规则的方式来合理化错报行为。但是，该方法也存在着诸多弊端。其一，需要研究者人为判断被试者给出的解释是否属于认知合理化，并进一步予以归类，这样的过程不可避免地会嵌入个人的主观意识，容易产生主观偏差。同时，在"被试者给出的解释是否属于认知合理化"这一问题的判断标准上，难以达成统一的、不受质疑的方案。墨菲（Murphy，2012）给出的处理方式借鉴了舞弊三角理论的三因素框架，认为只有围绕着压力和机会因素所作出的解释才不被视为认知合理化，例如，我想要拿到这笔收益（压力），或我有机会实施错报行为（机会）等。其二，由于舞弊行为研究的敏感性，自我报告法容易导致被试者产生厌恶、反感等应激情绪，也可能会由于舞弊行为的暴露而放大了自身的羞愧、内疚情绪，导致实验结果产生偏差。其三，这种测度过程较为烦琐，例如，若想要降低主观因素所造成的分类偏差，则至少需要两位以上的助理人员进行"独立判断分类——组内核对——差异对峙——达成共识"的分类过程，这无疑大大增加了实验测度的工作量。

（二）量表度量法

量表度量法常常是行为学和心理学中对某种心理特质实施测度的重要方式之一，成熟的心理学量表往往可以提供信效度较高的测量结果。但遗憾的是，在职务舞弊研究领域，目前尚未开发出成熟的认知合理化量表，因而，已有采用量表度量方式的研究者普遍选择借鉴其他研究领域的成熟量表，主要包括期许性反应平衡量表、中和量表，以及道德推脱量表。

期许性反应平衡量表。社会赞许效应是指，行为人为寻求社会认可，以社会期许的方式，通过否认或掩盖自我不被称道的真实想法来突出自我的正向特质的过程。德赛等（Desai, et al., 2010）选择使用 BIDR 作为度量被试者在舞弊行为决策中的认知合理化倾向。BIRD 量表的测量维度主要包括两因素：自欺性拔高（self-deceptive enhancement, SDE）和印象管理（impression management, IM）。其中，自欺性拔高是指，由于过度自信而造成的，无意识性的、诚实但却过分夸大自我正向特质的倾向；印象管理是指，为迎合他人或社会期许而有意作出的正向表现。通过上述内涵表述可以发现，使用 BIDR 来度量认知合理化因素从概念内涵来说并不十分契合。认知合理化本质是为了缓解个体由于实施违道德行为而产生的内心谴责，而 BIDR 是个体为迎合社会期许而作出的反应性行为；从 BIDR 的两因素模型来说，虽然认知合理化也属于一种自我欺骗，但是却没有BIDR-SD 所包含的过度自信、无意识性、诚实等关键概念，同样，认知合理化的动机性也与 BIDR-IM 不同，认知合理化是为了实现自我说服，避免道德谴责，而非迎合他人以及社会的期许。综上所述，本研究认为，使用 BIDR 来直接度量行为人的认知合理化程度会在根源内涵上存在严重偏差。

中和量表。中和量表是自中和理论发展而来的度量工具，中和理论是赛克斯（Sykes）和马扎（Matza）于 1957 年提出的，起初应用于青少年犯罪领域，是该领域内具有较强解释力的应用理论。赛克斯和马扎（Sykes,Matza，1957）将个体的认知合理化过程称之为中和技术（techniques of neutralization），并在此基础上确定了 5 种具体类型的中和技术，即否认责任、否认伤害、否认被害者、谴责批判者、高度效忠群体。只是，该理论在后续的扩展研究中，得到了大量研究者基于不同学科成果所补充的经验性方法，若将之加总，其所包含的中和技术维度已逾十几种。不可否认，这些补充性的经验证据能够为中和技术在内容上的完善作出贡献，但是，与此同时也带来了一个令人困扰的问题，即中和技术缺乏一个被普遍引证的、统一性的方法维度。关于这一点，在姬浩等（2013）、吴娜等（2015）、刘燕平和陆恒（2017）的文献中均有所体现，除赛克斯和马扎（Sykes，Matza，1957）的五种中和技术外，其余中和技术的多少伴随着研究者引证文献的不同而不同。综上所述，虽然，基于中和量表的测量方式是可行的，但是其弊端亦很明显，即选择和借鉴的研究文献不同，其量表内所包含的研究维度则会存在显著差异，从而导致研究结论的可比性较差。

道德推脱量表。道德推脱量表是基于道德推脱理论发展而来的测量工具［班杜拉（Bandura），1999］，比之中和量表，其最大的优点在于，能够完整、有效地解构出八项稳定的认知合理化机制。不过，该量表起初是以儿童或青少年为研究对象而编制的，因此，并不适用于所有的研究情景与研究对象。伴随着研究范围的不断拓展，为了提高研究信度与效度，后续研究者以此为基础开发或修订出适宜特定领域的测量量表，如军事领域［麦兴利斯特等（Mcalister, et al., 2006）］、体育运动［布罗德列和卡乌萨努（Boardley, Kavussanu, 2008）］等，但截至目前尚未发现有基于职务舞弊情景的相应量表。此外，如果忽略我国特殊的制度背景与文化环境，将道德推脱理论的八维机制照搬嵌套于我国的职务舞弊实践，可能会与我国的现实情景并不完全契合，这无异于削足适履。

（三）前因替代法

前已述及，由于认知合理化是一种具有多维度的认知倾向，因此，布朗（Brown，2014）认为，行为人对认知合理化方法的选择往往取决于具体情景中所能搜寻和获取到的认知信息。故而，前因变量法以此为理念，通过施加并控制能够诱导出某种特定认知类型的情景从而激发个体特定的认知合理化倾向。前因变量法是一种适宜研究单一方法维度或是单一情景变量的方式。准确来说，前因变量法更像是一种诱发机制。因为，如果能够保证特定情景所能诱发的认知合理化是唯一的，那么，基于研究模型和方法的需要，研究者可以选择直接省略度量过程［布朗（Brown，2014）；梅休和墨菲（Mayhew，Murphy，2014）］。前因变量法的主要优点是，由于研究变量单一，该方法可以显著强化变量间的因果关系，可以深入考察某种特定情景下的因果效应。其主要缺点是，只能检验某一种认知合理化方式的影响效应，而且如果不能保证诱发场景的特定性，有时则可能会产生其他的替代性解释。

第三节　职务舞弊认知合理化的作用机制研究

有关职务舞弊认知合理化作用机制的研究可以分为两类：其一，基于整合维度的视角，即由于度量方式的选取或研究目的的需要，研究者没有框限于某种特定维度的认知合理化因素，而是基于整合维度的视角来考察该因素的一般性规律；其二，基于单一维度的视角，通过人为施加控制的方式来考察单一方法维度或是单一情景变量的影响效应。

一、基于整合维度视角下的经验证据

（一）态度、人格特质与舞弊认知合理化

墨菲（Murphy，2012）通过实验研究的方式模拟了在报告情景下，舞弊行为人在实施错报行为后的情绪感受以及其合理化舞弊行为的方法，同时考察了态度（Attitude）和马基雅维利主义（Machiavellianism）与认知合理化、负性情绪的相关关系。在实验中，主持人让被试者在计算机上完成一份包含 10 道多选题的会计测试问卷并按单题计算收益，收益结果会在被试者完成并提交答案时自动显示。而实验的诱导机制在于，计算机会指令被试者自己报告其最终的累积收益，实验的最终报酬会依据自我报告的金额予以支付。进一步，当被试者选择虚报收入时，电脑移动端会通过弹出对话框"你为什么会选择多报收入？"的方式来捕捉错报者的认知合理化方

式。该项研究的结果表明，第一，在实施舞弊行为的个体中，选择使用认知合理化来做解释的数量会显著高于从压力、机会角度所作出解释的数量，这说明多数的舞弊行为人会选择使用认知合理化来解释他们的舞弊行为；第二，在态度上更倾向于向他人展示自我，以及在性格特点上具有马基雅维利主义特质的行为人，当压力与机会并存时，无论是在舞弊的可能性还是在金额上都会较其他人更高；第三，高马基雅维利主义特质的被试者在实施舞弊行为后会较其他人表现出更低程度的情绪负担。墨菲（Murphy，2012）研究的重要贡献在于，他们基于现实的决策场景，真实有效地捕捉了个体在舞弊行为决策中的认知合理化方式，同时将情绪、人格特质等非理性因素融入该领域研究，从而为后续研究作了重要的铺垫和指引。

（二）舞弊压力、机会与认知合理化的交互作用

以往基于舞弊动因理论的职务舞弊行为研究，研究者们常常假定各动因因素之间是稳定且相互独立的，因而会选择基于某一固定因素视角来考察其影响机理及其控制策略。但是，德赛等（Desai, et al., 2010）的实验研究打破了以往的常规假设，认为各动因因素之间并非呈现简单的孤立状态，而是存在着交互作用，并基于此，进一步考察了这种交互作用对行为人舞弊决策的影响机理。

德赛等（Desai, et al., 2010）选择以 BIDR 量表作为度量行为人认知合理化的研究工具，研究发现，如果研究被试处于高压力的环境下，不论其具有的舞弊机会是高还是低，认知合理化倾向是大还是小，个体实施职务舞弊行为的可能性均较高；但是，当研究被试处于低压力环境且同时伴随着高舞弊机会时，认知合理化倾向较高的个体，其舞弊程度会显著更高。总体而言，德赛等（Desai, et al., 2010）的研究首次基于因素间交互作用的视角展开，实现了对各因素间作用关系及其影响效应的进一步拓展。

二、基于单一维度视角下的经验证据

(一) 有利比较与盈余管理合理化

一直以来,对违规行为进行惩罚、披露和公告是一种重要的市场监管方式。除了对舞弊当事人依法惩治外,监管者的另一个重要目的是通过惩罚公告的方式来发挥"惩一儆百"治理效用。但是,布朗(Brown,2014)的实验研究却发现,对于早已具有违规倾向的个体而言,这种警示作用不但可能会失效,而且还可能会提高个体对于违规行为的接受程度。一旦监管惩罚公告事件的违规金额远高于行为人拟实施盈余管理的金额,个体则会通过有利比较的方式来缓解内心的道德谴责感,认为相较于这些严重的舞弊案例而言,自身的盈余管理行为是微不足道的,从而显著提高个体对于违规行为的接受程度。该研究据此解释了为什么许多惩罚公告制度达不到理想监管效果的原因,甚至在传统的治理框架下,忽视认知合理化因素的重要作用可能会导致适得其反的治理效果。因此,未来需要我们进一步将认知合理化因素有效地融入舞弊行为的治理框架中,促进舞弊治理体系的完善。

(二) 权威人士指令对认知合理化、情绪及舞弊行为的影响

梅休和墨菲(Mayhew,Murphy,2014)引入了"服从权威"的诱导机制,探讨了责任转移合理化对负性情绪与舞弊行为的影响。在实验中,研究者引入了"老板"(boss)这一关键人员,"老板"的薪酬会与被试者的平均报告值相挂钩。研究将被试者随机地分为两组,每组被试分别进行两次报告实验。在两组被试中,"老板"会分别选择在第一次实验或第二次实验中,指示被试者实施错报行为。实验结果表明,第一,收到"老板"指令的被试者其错报行为会显著高于未收到指令的被试者,同时,该指令还具有显著的延时效应。第二,责任转移合理化在错报指令与错报行为之间起中介作用,也即领导的指示会让舞弊行为人实现责任转移,并进

一步强化其错报行为。这一实验结果意味着，在组织情景中，领导对下级的舞弊指令会显著影响其舞弊决策，同时该指示会让下级形成舞弊"惯性"，也就是说，即便日后领导没有再下达相关指令，员工也会默认领导准许其实施舞弊行为。

第四节　职务舞弊认知合理化的控制策略研究

在对职务舞弊等违道德行为的研究过程中，大量研究者发现，在不同的行为主体之间和不同的情景因素下，个体的认知合理化倾向会存在显著差异。这意味着，个体因素与情景因素的异质性均会显著影响行为人的认知合理化倾向。因此，本节将从个体因素与情景因素两个角度展开梳理和回顾。

一、个体因素层面

摩尔等（Moore, et al., 2012）基于个体因素层面整合并提出了在道德决策中认知合理化影响因素的理论框架，并实证检验其与认知合理化因素的相关性。摩尔等（Moore, et al., 2012）将影响因素分为三类，分别为与道德相关的个人特质、道德推理能力与倾向，以及道德情绪，并进一步细分出八个具体因素，如表1-2所示。其中，马基雅维利主义、相对主义伦理意识与认知合理化正相关，而道德认同、移情特质、道德认知、理想主义伦理意识与认知合理化负相关，这意味着通过抑制或增强行为人的上述特质可以显著降低个体的认知合理化倾向。在道德情绪的特质因素下，个体的认知合理化水平与内疚情绪存在显著的负相关关系，而内疚情绪同时也是约束行为人实施舞弊行为的重要心理机制。基于此，以情绪干预为手段，通过激发个体实施舞弊行为的道德谴责感将会成为提高行为人道德自我防控能力的重要方式。

表 1-2　基于个体因素层面的认知合理化影响因素整合框架

因素	与道德相关的个人特质			道德推理能力与倾向			道德情绪	
	马基雅维利主义	道德认同	移情特质	CMD	理想主义	相对主义	内疚	羞愧
测量工具	Mach IV	MIM	IRI	DIT	EPQ		TOSCA	
相关性符号	＋	－	－	－	－	＋	－	无

说明：CMD（cognitive moral development）：个体道德认知发展水平；Mach IV：马基雅维利主义量表 IV；MIM（moral identity measure）：道德自我认同问卷；IRI（interpersonal reactivity index）：人际反应指针量表；DIT（defining issues test）：确定问题检验量表；EPQ（ethics position questionnaire）：伦理立场问卷；TOSCA（test of self-conscious affect）：自我意识情感测验量表。

此外，班杜拉等（Bandura, et al., 2001）的研究还发现，在青少年中，感知的学术自我效能（academic efficacy）和自我监管效能（self-regulatory efficacy）会通过降低认知合理化倾向和增加亲社会性来显著抑制个体的违规行为。在青少年群体中，对于自我掌握学科知识的能力（学术自我效能）以及抵制同龄压力的能力（自我监管效能）越强的个体，其认知合理化倾向也会相应越低。上述研究结果表明，增加青少年的自我效能感会对抑制个体的认知合理化倾向，进而对减少青少年的犯罪行为起到正向作用。

二、情景因素层面

（一）传递认知合理化的"自省"信号

传递认知合理化的"自省"信号是指，让行为人反思其常用的认知合理化方式，从而达到限制其使用该认知方式的能力。通过组间设计，墨菲（Murphy，2012）的研究通过增加两个不同程度的情景障碍（微障碍和密集障碍），从而达到限制个体使用认知合理化机制的能力。微障碍组是指，通过告知被试者错报行为将会对实验中的其他"无辜"学生造成损失，从而限制被试者通过否认伤害来合理化自身的行为。而密集障碍组则参照上述方式，同时限制了有利比较、忽视和扭曲结果、责任分散三种认知合理化机制的使用。实验结果的描述性统计如表1-3所示，研究发现，基准组与密集障碍组的实验被试对认知合理化机制的使用情况存在显著性差异（P=0.097）。上述结果表明，通过让行为人在决策前反思其常用的认知合理化方式，能够对其错报行为以及认知合理化机制的使用起到显著的抑制作用。

表1-3　错报行为及认知合理化机制使用情况的描述性统计

实验情景	实验人数（人）	错报人数（人）	认知合理化频数（次）
基准组	74	26	15
微障碍组	67	23	15
密集障碍组	65	10	8
合计	206	59	37

资料来源：P.R. Murphy, "Attitude, Machiavellianism and the Rationalization of Misreporting", *Accounting Organizations & Society*, Vol.37.No.4（2012），pp. 242-259。

（二）建构以共同价值观为基础的围栏机制

围栏（fences）机制的概念由莱因斯坦和泰勒（Reinstein，Taylor，2017）提出，是指以共同价值观为基础，反映社会对行为共同期许的正式制度或非正式习俗。从作用机理来看，围栏机制类似于不同宗教文化中所特有的文化或行为习俗。不同于法律等强制监管制度，它没有正式的惩罚和制裁手段，但是，违规者将面临着严重的声誉危机（Reinstein，Taylor，

2017）。金泰尔（Gentile，2010）指出，以潜在的共同价值观所形成的习俗为依托，在职业领域内纳入这种围栏机制能够时刻提醒会计人员保持职业操守，有效抵制诱惑和压力，并能够限制认知合理化因素的产生。为进一步帮助读者对这一概念的理解，莱因斯坦和泰勒（Reinstein，Taylor，2017）列举了一些会计领域内现有的围栏机制，诸如不相容职务分离原则、审计独立性原则、禁止或有收费等职业公认的、由会计职业群体发展而来的"行为习俗"。总之，围栏机制可以说是一种影响会计人员职业行为的行业规范，表现为正式制度或是非正式习俗，通过潜在价值观的影响从而对个体的认知合理化倾向和舞弊行为起到显著的抑制作用。

第五节　文献述评

通过上述文献的梳理可知，认知合理化这一概念虽然起源较早，并经犯罪学和心理学学科的发展，但是，从目前而言，在职务舞弊领域内的研究体系尚不成熟，所形成的研究成果不多，大多数文献或是进行规范研究，尝试用相关理论来解释认知合理化因素的作用机制及其影响效应，或是进行案例研究，列举行为人在舞弊决策中所使用的认知合理化方式。从数量较少的经验研究来看，认知合理化因素的测度方式又因文而异，缺乏系统有效的测量方式。

综合上述，该领域研究尚存在以下问题，亟待进一步解决和探究。

第一，由于认知合理化因素属于潜在心理层变量，难以被捕捉、度量和控制，因而成为现阶段阻碍该因素研究深化的关键障碍。就笔者目前所知，在职务舞弊研究领域内，不论是国内还是国外，尚未有学者对职务舞弊认知合理化因素的内在结构作出严谨、细致地探索和验证，这也导致现阶段研究关于"职务舞弊认知合理化究竟包含什么"这一基本问题仍存困惑。

第二，关于认知合理化因素的测度方式虽种类较多，但却因文而异，基本表现为"一文择取一法"的现象，不同方法间各持利弊，如表 1-4 所示，但总体而言，都无法精确实现对认知合理化这一心理变量的系统刻画。具体来说，自我报告法是一种适用于探索性初期的度量方法，不适合推广和普及；而前因替代法仅适用于单一情景的研究，并且根据不同研究的需要，具体情景的设计很难做到标准化；在量表度量法中，期许性反应平衡量表存在严重的内涵不吻合问题，中和量表尚未有统一的方法维度，道德推脱量表缺少对职务舞弊情景的有效刻画，且缺乏对于中国情景因素的本土化考量。

表 1-4　职务舞弊认知合理化度量的优缺点及本研究定位

度量方法	细分维度	优缺点	本研究定位
自我报告法	—	优点：直接捕捉到被试真实想法，信度较高 局限：人为判断分类，易产生主观偏差；易诱发被试者产生应激情绪；过程烦琐	以职务舞弊情景为蓝本，采用定性和定量相结合的方式，构建适用于职务舞弊领域的认知合理化量表
量表度量法	BIRD 量表	优点：实施过程简单 局限：测度内涵不吻合	
	中和量表	优点：实施过程简单、测度内涵吻合 局限：尚未有统一的方法维度	
	道德推脱量表	优点：实施过程简单、测度内涵吻合、方法维度稳定统一 局限：缺少对职务舞弊情景的刻画、缺乏对于中国情景因素的本土化考量	
前因替代法	—	优点：有效控制；强化因果 局限：仅适用于单一维度研究、情景设计警惕替代性解释	

有鉴于此，本研究的后续工作则是以职务舞弊情景为蓝本，通过采用定性和定量研究相结合的方式，构建适用于我国职务舞弊研究领域的认知合理化量表。

第三，特定维度认知合理化对职务舞弊行为的影响效应与情景差异有待于探究。过往研究困于缺乏对认知合理化具体维度的系统性认识，研究者们无法进一步精确检定"特定维度认知合理化对职务舞弊行为的影响"，也无法进一步深化揭示"不同维度间认知合理化影响的敏感性差异"。而从特定维度分析认知合理化对职务舞弊行为的影响，一来可以系统检定经典舞弊三角理论的现实适用性，二来可以回答"哪种认知合理化机制具有更高影响力"这一重要问题。

第四，需要进一步实现对组织情境下认知合理化诱发信息的有效识别。根据布朗（Brown，2014）的观点，行为人能否合理化以及选择何种认知合理化方式取决于具体情景中所能获取到的诱发信息。过去，这些信息存在于组织与生活环境中的各个层面，潜移默化地影响个体的心理与行为，但是却未得到已有研究的充分重视。

第二章　概念界定与理论基础

　　本章对职务舞弊、认知合理化进行了概念界定。在明确个体职务舞弊行为决策心理路径的基础上，对职务舞弊行为的动因理论、认知合理化的动因理论进行了阐述与分析。

第一节　职务舞弊的概念界定与理论基础

一、概念界定

　　"舞弊"一词最早可追溯到拉丁名词"fraus"，用于表示欺骗、不正当行为及伤害等概念意义，而其现代定义集中来源于成文法和案例法。美国联邦调查局将舞弊定义为违反诚信、隐瞒、欺骗、不依赖于暴力威胁的行为，且行为主体通常是个人或组织，目的是获取收益或避免损失。美国证券交易委员会在《证券交易法案》10b-5 部分对证券交易中的舞弊行为作出定义。该法案指出，任何个人无论直接或间接实施的下列行为均属于舞弊：适用于任何方式的欺骗行为；对重大事实作出不实陈述；故意遗漏必要的重大事实；从事任何可能导致舞弊的行为或商业活动。

　　在我国的官方文件中，《中国注册会计师审计准则第 1141 号——财务报表审计中对舞弊的考虑》中将舞弊界定为被审计单位的管理层、治理层、员工或第三方使用欺骗手段获取不当或非法利益的故意行为。《中国内部审计准则第 2204 号——对舞弊行为进行检查和报告》将舞弊定义为组织内、外人员采用欺骗等违法违规手段，损害或者谋取组织利益，同时可能为个人带来不正当利益的行为，并列举了以下具体情形，包括：（1）支付／收受贿赂或者回扣；（2）故意错报交易事项、记录虚假的交易事项，使财务报表使用者误解而作出不适当的投融资决策；（3）将正常情况下可以使组织获利的交易事项转移给他人；（4）贪污、挪用、盗窃组织资产；（5）使组织为虚假的交易事项支付款项；（6）故意隐瞒、错报交易事项；（7）隐瞒或者删除应当对外披露的重要信息等。

在此基础上，美国注册舞弊审查师协会（ACFE）明确将职务舞弊定义为：企业职务人员为谋取个人利益或组织利益，利用手中权力故意滥用、盗用组织内外部资源的非法行为，并进一步细分职务舞弊为会计舞弊、腐败和资产侵占三类。其中，会计舞弊又称财务报告舞弊、财务舞弊（造假）、会计报表舞弊等，是指通过故意编制和发布导致财务报告存在虚假会计信息的行为；腐败是指企业员工利用个人权利对企业交易活动施加不正当影响的行为，包括支付／收受贿赂或者回扣、非法报酬等；资产侵占是指企业管理者或员工非法占用企业资产的行为。

通过上述机构与文件的定义可以发现，虽然 ACFE 将职务舞弊行为划分为会计舞弊、腐败和资产侵占三类，但基于行为后果判断，腐败和资产侵占同样是会计信息披露问题产生的诱因，因为腐败和侵占资产通常伴随着虚假或误导性的文件记录，其目的是隐瞒腐败行为或资产缺失的事实。更为实质地，职务舞弊实际呈现为一种信息不对称情景下的机会主义行为（孔晨和陈艳，2016；白智奇等，2018），而这种行为的实施需要依赖于欺骗性手段，目的是谋取个人利益或组织利益。基于此，在对会计舞弊、腐败、资产侵占三类职务舞弊行为本质的提炼下，本书将企业行为人职务舞弊定义为：在信息不对称的情景下，企业职务人员利用自身职权，采取欺骗性手段谋取个人利益或组织利益的机会主义行为。

二、职务舞弊行为决策的心理路径

认知合理化本身并非是单独存在的独立因子，而是与心理决策过程密不可分的复合性影响因素，想要回答"在舞弊心理决策的过程中，认知合理化因素究竟在何时起作用、如何起作用、又应如何控制"的问题，首先需要了解行为人在舞弊行为决策过程中的心理路径，从而形成初步性和框架式的认识。

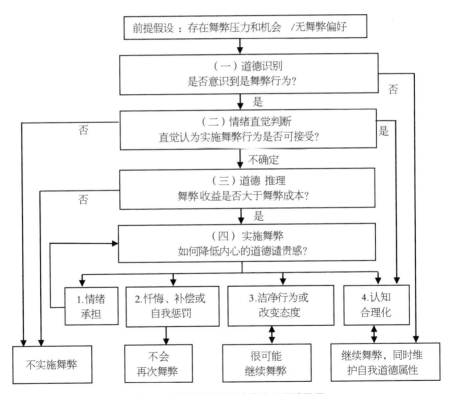

图 2-1　职务舞弊行为决策的心理路径图

资料来源：P.R. Murphy, M.T. Dacin, "Psychological Pathways to Fraud: Understanding and Preventing Fraud in Organizations", *Journal of Business Ethics*, Vol.101, No.4（2011），pp. 601-618。

墨菲和达克林（Murphy，Dacin，2011）提出的舞弊行为决策的心理路径适用于满足以下前提条件的行为主体：第一，行为人属于"潜在的舞弊者"，即具有舞弊压力和充分的舞弊机会；第二，行为人不具有舞弊偏好性，也就是说，即使存在舞弊压力和机会，受制于自我良知的限制，个体也不会轻易选择舞弊。满足上述前提条件的行为主体，其舞弊决策过程会经历如下四个阶段，分别为道德识别、情绪直觉判断、道德推理和实施舞弊，如图 2-1 所示。

（一）第一阶段：道德识别

"是否意识到是舞弊行为"是行为人舞弊心理决策的第一阶段。这一阶段的主要特点是，如果对舞弊行为识别失败，行为人不会背负任何的"道德枷锁"，个体的潜意识会默认为自己在执行一个任务或者在完成一个目标。在心理决策的过程中，行为人不会产生道德谴责感，更不会去执行舞弊决策的成本效益分析，道德识别的失败会让行为人在道德自我的框架内不断实施舞弊。

在职务舞弊行为研究中，有三种常见的因素会导致行为人的道德识别机制失效：第一，上级领导的指示或压力，受制于上级领导的权威性和威慑力，下属会以完成上级领导的任务为第一要务，服从命令，忠于上级的行为准则会让下属成为领导意志的盲目执行者，不会考虑行为的道德性和合法性；第二，组织氛围，以利益最大化为导向且缺乏道德自律性的组织环境会滋生组织腐败的文化氛围，当腐败成为惯例，甚至嵌入组织的各个层面时，舞弊就会被行为人视作一种正常的、自发的、无"犯罪"意识的行为；第三，盈余预测，盈余目标是行为人盈余估计的参照点〔卡内曼和特沃斯基（Kahneman，Tversky，1979）〕，在盈余预测的锚定下，个体处于一种动机推理的状态（Kunda，1990），会在无意识中对应计盈余产生主观估计偏向，以满足盈余目标。

（二）第二阶段：情绪直觉判断

舞弊行为决策实质上是一个认知—情绪的双加工过程，行为主体的"道德脑"是认知脑和情绪脑的复杂重叠（谢熹瑶和罗跃嘉，2009）。在有关情绪参与道德判断的脑成像研究中发现，人脑的右侧颞顶联合区（right temporo-parietal junction, RTPJ）在受试对象完成道德判断后的12—18秒才会被点亮和激活［克利曼等（Kliemann, et al., 2008）］。RTPJ是人脑中用于理解、推测和判断行为意图的关键认知中枢，其延迟激活表明以情绪主导的道德判断先于认知加工过程，因而对舞弊行为的成功识别会首先激活自我的情绪直觉。

情绪直觉判断的主要特点是情绪化、迅速、自发且不费力。若情绪上产生强烈排斥则会选择拒绝舞弊，若情绪反应认为可以接受则会选择实施舞弊，并通过认知合理化机制来粉饰自我的决定，如果情绪直觉处于不确定的模糊状态，则进入道德推理阶段，执行理性的成本效益分析。

（三）第三阶段：道德推理

不同于情绪直觉判断，道德推理阶段是一个理性的、缓慢的、受控且费力的决策过程，会通过实施理性的成本效益分析来最终确定决策选择［曾（Tsang，2002）］。如果分别以F、B、C、Expo代表舞弊行为、舞弊收益、舞弊成本、舞弊曝光概率，则它们之间的关系可以表示为 $F = B \times (1-Expo) - C \times Expo$，若 $F > 0$，则行为人会选择实施舞弊，反之则反是。

（四）第四阶段：实施舞弊

对于不具有舞弊偏好的个体而言，决定实施舞弊并非是舞弊行为心理决策过程的终点，由于舞弊行为违背了个体的道德信念，两个相互矛盾的认知元素会让行为人产生内心的道德谴责感，由此，个体会自发地激活自我的心理防御机制来缓解这种不协调的心理状态。综观行为与心理学的相关文献，根据对舞弊行为持续性的影响级别，可以划分出四种用于处理内心道德谴责感的常见方式。

第一种，情绪承担。区别于其他三种方式，情绪承担（tolerance）的特点在于，这种方式实质上不会对个体的道德谴责感起到降低或缓解作用[帕尔梅（Palmer，2008）]。在现实中，常见的情绪承担方式是逃避与延缓发作（postponement），舞弊行为人往往会选择逃避或不去思考受到内心谴责的行为，但是每一次刺激都会给行为人带来创伤和影响，因而会陷入情绪影响的反复性循环。

第二种，忏悔、补偿或自我惩罚。忏悔、补偿或自我惩罚往往在道德谴责对行为人的内心造成深层影响，以至于其他方法难以降低或缓解时发生。舞弊行为人会选择停止舞弊、忏悔反省，并通过归还被盗资产，为受害人提供赔偿等方式来进行弥补。不过，当没有能力或没有机会再实施补偿行为时，个体也可能会采取自我惩罚的方式来减少内心的愧疚感和不安。正因如此，道德谴责的深层烙印往往会使行为人不再选择继续实施舞弊。

第三种，洁净行为或改变态度。洁净行为即麦克白效应，是指受道德谴责影响的行为人会通过洁净自身来对抗道德焦虑。已有实验研究表明，不道德行为所引发的内心谴责会驱使行为人偏爱于清洁自身[钟和利詹奎斯特（Zhong，Liljenquist，2006）]，而且通过该行为可以有效缓解认知失调，减少道德情绪的影响。另外，还有一种方式是通过改变自我对于舞弊行为的态度来缓解认知失调，即个体对于舞弊行为会由起初的坚决谴责、难以接受到产生宽容和谅解。需要说明的是，无论是通过洁净行为还是改变态度，个体都会清晰地认识到自身所实施的舞弊行为是错误的，但是由于其有"能力"将内心的道德谴责感降低至可接受的范围，因此，行为人很可能会选择继续实施舞弊。

第四种，认知合理化。认知合理化方式的特殊之处在于，通过寻找托辞和自我说服，舞弊行为人会坚信"自己没错"，抑或是"错不在我"。严格来讲，认知合理化的"服务对象"并非是舞弊行为而是自我。换言之，合理化舞弊行为的个体并非对舞弊行为持认同态度，倘若在其不受任何情景限制的情况下，客观评价舞弊行为时，他会认为该行为是错误的、且是应受谴责的。认知合理化实质上是为自己的行为赋予了"特殊情况特殊对待"的特别化思维，目的是让其始终坚信自己是诚实和道德的，例如，"我这样做是为了公司员工着想，让他们免受失业之苦"，"这只是一种商场法则、商战策略"等。通过认知合理化的方式，个体在实施舞弊行为的同时，还维护了自我的道德属性，因此，从舞弊行为治理的角度来看，认知合理化是对舞弊行为影响程度最深、持续性最长的一种方式。

三、职务舞弊行为的动因理论

已有研究关于"行为人为什么会实施舞弊"这一基本问题已展开了广泛探讨，并形成了四个较为著名的舞弊动因理论，分别为舞弊冰山理论（二因素理论）、舞弊三角理论（三因素理论）、舞弊 GONE 理论（四因素理论），以及舞弊因子理论。

舞弊冰山理论将舞弊动因因素比喻成一座冰山，通过海平面这一分割线将个体的舞弊行为动因，分割为海平面以上的显性因素和海平面以下的隐性因素。其中，海平面以上的显性因素主要为组织结构问题，例如，组织目标、技术水平、等级制度、财务状况等；而海平面以下的隐性因素主要为个体行为问题，如情感、价值观、道德准则等。该理论指出，暴露在海平面以上的因素只是舞弊行为动因的冰山一角，往往与组织内部的管理情况相挂钩，客观存在且容易鉴别，然而更加危险且庞大的部分则隐藏在海平面以下，涉及的因素则更加主观化、个性化且更易被刻意掩饰。

阿尔布雷希特等（Albrecht, et al., 1995）所提出的舞弊三角理论是经典的舞弊三因素理论，该理论清晰地界定了舞弊行为产生的三大条件，即压力、机会与认知合理化。具体而言，压力因素是指刺激个体为其自身利益实施舞弊行为的先决动机，机会因素则指能够为行为人提供具有隐蔽性且大概率逃避惩罚的舞弊路径，而认知合理化则指行为人需要引证虚假托辞来指称行为合理的借口和理由。从个体职务舞弊决策的动态过程来看，上述三因素存在如下作用关系：首先，压力是诱发行为人产生舞弊行为倾向的先决动因，在此基础之上，行为人想要实施舞弊还会受到双重防线的约束，一方面，受制于外在监管与企业内部控制制度而成的外部硬约束；另一方面，自律于行为人的内在道德防线而成的内部软约束，而机会与认知合理化则分别成为瓦解行为人内外部双重防线的核心因素。

舞弊 GONE 理论认为，舞弊行为是由 G、O、N、E 四个因子触发而成。其中，G 为 greed，代表贪婪；O 为 opportunity，代表机会；N 为 need，代表需要；E 为 exposure，代表暴露。具体而言：（1）"需要"因子（need）又称为"动机"因子，是指在外界环境的刺激下诱使个体产生不当行为的动机。（2）"机会"因子（opportunity）则与潜在舞弊者所拥有的权力强度相关，是指行为人在具有相对信息优势和权力优势的情况下，可以通过规避监督和制约以实施不当操纵行为的能力。（3）"暴露"因子（exposure）则包含两部分内容：其一，为舞弊行为被检举和揭发的可能性；其二，为舞弊行为被曝光后所受到的惩罚程度。（4）关于"贪婪"因子（greed），其内涵早已超过其文意，用于指代个体内在的道德心理因素。

在 GONE 理论的基础上，研究者进一步提出了舞弊因子理论，其将舞弊动因因素区分为一般风险因子和个别风险因子。其中，一般风险因子是指组织层面可控的因素，包括舞弊机会、曝光概率、惩罚程度；个别风险因子是指组织层面不可控的、因人而异的因素，包括个体的舞弊动机与道德品质。该理论认为，在上述因子的交互作用下，舞弊行为才最终得以发生。

可以发现，上述各动因理论所提及的细分因子基本持同，其相异之处在于分类视角的差异。舞弊冰山理论基于可辨认的角度，将舞弊动因因素区分为显性和隐性两个部分，舞弊因子理论基于组织层面是否可控的角度，将因素分为一般和个别两个部分。而阿尔布雷希特等（Albrecht, et al., 1995）所提出的舞弊三角理论更多是从个体舞弊决策的角度入手，将相关因素概括为压力、机会和认知合理化。而舞弊 GONE 理论则与舞弊三角理论极为相近，例如，GONE 理论的"需要"因素与三角理论的"压力"因素内涵一致，均指刺激个体实施舞弊行为的动机因素；GONE 理论的"贪婪"因素与三角理论的"认知合理化"因素均是对个体内在道德因素的揭示，只不过"贪婪"更多的是基于人性角度，而"认知合理化"则聚焦于方法论层面，两者本质并不矛盾。在贪婪人性的诱使下，个体会通过认知合理化的手段来规避内在道德层面的约束。进一步，将 GONE 理论中的"机会"与"暴露"因子组合后，其与舞弊三角理论的"机会"因素内涵基本一致。

需要说明的是，本书的研究过程基于舞弊三角理论展开，而非其他动因理论，主要理由如下：（1）从理论内涵层面而言，前已述及，上述各动因理论所提及的细分因子基本持同，尤其是针对道德因素层面，其均是各理论中所必不可少的动因因素之一。在此基础上，舞弊三角理论则立足于方法论角度对道德层面因素加以揭示，这比起从人性视角或其他视角而言，更加有助于治理策略的提出和治理手段的落地。（2）从治理实践层面而言，舞弊三角理论是目前唯一被写入各国审计准则，用于指导舞弊实践的理论工具，例如美国注册会计师协会《审计准则第 99 号——考虑财务报告中的舞弊》以及《中国注册会计师审计准则第 1141 号——财务报表审计中对舞弊的考虑》等，因此，围绕该理论的相关研究成果对实践的指导与应用价值更高。

第二节　认知合理化的概念界定与理论基础

一、概念界定

认知合理化作为专业术语最先被威尔士神经学家、心理医生琼斯（Jones，1908）提出，琼斯认为，作为一个理性人，其行为背后存在着一套自我信服、持续且连贯的行为逻辑和理由。研究早期，心理学家普遍认为认知合理化是指通过引证虚假动机来指称行为合理的心理过程，这一心理过程只有在行为人无法合理约束行为时才会产生，通过认知合理化的方式能够为行为提供看似合理的托辞。而真正意义上将认知合理化作为一种解释与应用工具并引入职务舞弊研究领域的，源自于犯罪学领域的发展。克雷西（Cressey，1953）在一项针对白领职务犯罪的研究中发现，认知合理化近乎伴随着每一个行为人对其犯罪事实的解释当中。对该现象的理论归纳形成了赛克斯和马扎（Sykes，Matza，1957）所提出的中和理论（neutralization theory）。顾名思义，"中和"一词的内涵表明了认知合理化是一种用于对冲和缓释内在道德谴责的一种心理机制。在此基础上，班杜拉（Bandura，1986）基于社会心理学视角将认知合理化解释为一种道德推脱（moral disengagement）。但实质上，不论是中和理论还是道德推脱，其均是认知合理化构念在不同研究领域下的差异表述，追本溯源，其本质内涵是一致的。所形成的普遍共识是：其一，认知合理化是一项认知加工过程；其二，认知合理化是为违背个体道德认知的行为提供自认为合理的理由；其三，认知合理化能够有效降低行为后所导致的内心谴责。基于此，本书对认知合理化的内涵界定是，为偏离个体道德认知的行为赋予自我信服式理由的认知加工过程，并以此来降低行为后对内心造成的负面效应。

二、认知合理化的动因理论

（一）情绪规避理论

社会道德准则无疑是维护社会秩序，保障人际互动过程向着公平、和谐方向发展的重要因素。随着个体年龄的增长，通过社会学习，社会道德准则会成为大多数人内化于心的行为准则，引导道德行为并抑制舞弊等不道德行为，从而让行为人在道德决策中形成"自我约束"。情绪规避理论认为，在社会交际中，讲道德会被视为一种自我价值的体现，而违背道德往往会导致偏差行为人在内心中产生自责和不安，而这种自责和不安在心理学中被认为是由一类负性道德情绪所引发的。无疑，舞弊行为人会试图抑制这种负性道德情绪的产生，因此会激发行为人通过认知合理化的方式来维护道德自我，实现情绪规避。

（二）认知失调理论

费斯汀格（Festinger，1957）的认知失调理论（cognitive dissonance theory）指出，行为人会在无意识中按照内心既定的认知习性对外部环境或个体行为加以解释，即保持认知一致性，而这种一致性是一种内在的、本能的、无意识性的需求。然而，当外部环境或行为超出个体既定认知的解释范畴时便会导致行为人产生认知冲突。由此而来，当舞弊行为与道德自我产生冲突时，两个矛盾性认知将会引发个体产生认知失调。而减少认知失调的方法主要分为两类：其一，拒绝实施舞弊，使个体行为与道德自我保持认知一致性；其二，通过认知合理化的方式，将舞弊行为披上"近道德"外衣，使得自我对于舞弊行为的道德判断趋同道德自我，从而维持道德认知一致性。

（三）自我肯定理论

自我肯定理论认为，行为人会本能地对自我的外在形象、性格特征、行为表现等方面产生一种自我满足、自我陶醉式的肯定和欣赏［斯蒂尔（Steele，1988）］。显然，舞弊行为本身会对行为人的正向特质产生负面冲击，即威胁到了行为个体的自我完整性。因此，出于维护自我肯定和自我欣赏的内在需求，当个体发现其所实施的舞弊行为威胁到了自我的道德属性时，自我完整性动机会驱使个体通过某种认知或行为倾向来实现对自我正向特质的修复或重塑，例如，停止舞弊或者通过认知合理化的方式来实现认知粉饰。正因如此，自我肯定理论所提出的自我完整性动机则成为认知合理化形成动因的另一个解释范畴。

第三章　职务舞弊行为中的认知合理化研究：
结构探索与量表开发

本章通过系统规范的检验程序，实现对职务舞弊行为中认知合理化因素的结构探索与验证，并编制相应的测度量表。首先，从定性研究出发，在文献分析和深度访谈的基础上，借助扎根理论和编码技术实现对认知合理化因素的结构探索，并构建相应的初始量表。其次，基于预调研数据，采用项目鉴别度分析、项目信度分析、项目因子分析等方式实现项目提纯。再次，基于正式调研数据，采用项目鉴别度检验、探索性因子分析、验证性因子分析和信效度检验等程序实现相应的结构验证。最后，以行为人的人格特质作为关联效标对量表的效标效度进行实证检验。

第一节　职务舞弊认知合理化的结构探索
与初始量表构建

一、资料搜集与调研实施

为了完整地呈现出职务舞弊决策中认知合理化因素的具体表征，并将其概念化为有效题项，本书首先进行了详细的资料搜集与调研访谈，具体资料来源分别包括：（1）已有常用量表，参考已有道德推脱量表的部分论述；（2）文献资料，系统性地对国内外的相关文献进行梳理、归纳和整合；（3）网络资源，以"职务舞弊""职务侵占"等关键词在百度搜索引擎进行地毯式搜索，同时参考证监会行政处罚公告、最高法《中国裁判文书网》等权威网站所披露的信息；（4）舞弊书籍，参阅书籍有《21世纪国内外上市公司重大舞弊案例研究》《上市公司舞弊案例分析：基于舞弊三角理论的视角》《高官反腐录》《反腐警示录——廉政提醒60例》《反腐警示录2——腐败心理剖析》等；（5）舞弊访谈，对某县公安局经济犯罪侦查科的21位职务舞弊人员进行访谈。

根据扎根理论研究法的要求，访谈不应预先设定统一的假定和范式，但应提炼出简单的访谈大纲，以提高访谈质量和效率，本次访谈的人均用时约为30—45分钟。在判断"当事人所给出的解释是否属于认知合理化"这一问题的处理上，借鉴墨菲（Murphy，2012）的方法，根据舞弊三角理论的三因素框架，认定围绕着压力因素和机会因素所作出的解释不被视为是认知合理化。

二、基于扎根研究的结构探索与题项整理

根据扎根理论的质性研究方法，本书对前述五处资料中抽取的认知合理化情景进行整理和编码，编码过程按"开放性编码→主轴编码→选择性编码"的顺序依次进行。首先，对不同的资料情景进行简单整理并提取概念；其次，通过归纳和演绎，将临近概念进行连接和聚类；最后，通过整合和凝练，发现连接各类别的核心类属，形成完整的解释框架。

通过整理和编码过程，本书初步形成包含102项量表条目的八个一阶概念。这八个一阶概念分别为：（1）道德辩护，通过将舞弊行为重新解读为出于更高的社会价值或社会道义，从而赋予偏差行为以道德属性；

（2）委婉标签，通过精心挑选的辞藻来将舞弊行为描述为正常的或是无害的；（3）有利比较，通过与更加恶劣的行为进行比较，从而提高自身舞弊行为的可接受性；（4）责任转移，通过将舞弊责任转移给发号施令的个体，从而给予自己"错不在我"的心理暗示；（5）责任分散，通过将舞弊责任推脱给整个群体或环境，从而稀释和分散个体的道德责任；（6）结果忽视，通过认定自己的舞弊行为没有给其他人造成伤害或者伤害微不足道，因而无须为此承担责任；（7）差序歧视，将自身周围的群体划定为圈内人和圈外人，并通过贬低作为圈外人的受害者来合理化自身的舞弊行为；（8）责备归因，通过罗列受害者的过错来降低自身实施舞弊行为的心理负担。

在此基础上，本书对上述八个一阶概念再次进行合并归类，并抽取更高维度的概念层级：（1）道德辩护、委婉标签、有利比较三者的关注焦点在于"舞弊行为的性质问题"，通过认知上对行为进行重新解读，从而使职务舞弊行为看起来是可以接受的，因此，本书将上述三者合并归类为二阶概念"认知重构"；（2）责任转移、责任分散、结果忽视三者的关注焦点在于"舞弊责任的承担问题"，通过转移、分散和忽视等方式来推脱和扭曲自身应承担的责任，因此，本书将上述三者合并归类为二阶概念"责任扭曲"；（3）差序歧视、责备归因两者的关注焦点在于"舞弊行为的受害者"，通过主观上对受害者进行人格或价值上的贬低，从而将舞弊行为凸显为无关紧要，抑或是罪有应得，因此，本书将上述两者合并归类为二阶概念"价值贬低"。

基于此，根据扎根研究的归纳和演绎，本书初步实现了对职务舞弊认知合理化的结构探索，包含三个二阶维度，分别为认知重构、责任扭曲与价值贬低。其中，认知重构维度的一阶构面为道德辩护、委婉标签、有利比较；责任扭曲维度的一阶构面为责任转移、责任分散、结果忽视；价值贬低维度的一阶构面为差序歧视、责备归因。

三、内容自检与复核校验

根据席仲恩（2016）对量表优良项目和劣质项目特性的判断标准，本书对初步形成的 102 项量表条目进行内容自检和复核校验，具体项目内容的检查标准如表 3-1 所示。

表 3-1　项目内容检查标准

检查标准	具体要求
项目简洁性	避免项目冗长，但不能以牺牲项目内容为代价
避免指代歧义	避免出现代词的指代性歧义以及修饰语位置不当
避免双筒枪项目	不存在同时表达两个或更多观点的项目
项目可读性	可读性水平为 5—7 年级水平为宜

首先，由笔者和研究助手对初步形成的 102 道题项进行逐条阅读和筛查，剔除明显存在多重观点、表述模糊、可理解性较差的项目，并修改存在明显冗长、指代不明、修饰不当的项目，经过综合讨论和筛选，剔除明显不满足优良项目标准的题项后，剩余保留项目 64 条。

为了进一步减少和排除双筒枪项目，本书采用反向归类法进行复核校验。首先，将前述 64 道题项打乱后形成反向归类的校验题卷，邀请三位未参与前述研究工作的经管类博士研究生进行背对背独立归类。在测试开始前，由笔者对各个维度类属进行解释说明，确保三位测试者准确理解每一类属的含义，然后，测试者逐项阅读各个题项并进行归类。综上，反向归类的复核校验结果如表 3-2 所示。其中，三人全部归入预期类属的题项数为 38 项，占比 59%；两人一致的题项数为 12 项，占比 19%；两人不一致的题项数为 9 项，占比 14%；三人不一致的题项数为 5 项，占比 8%。可以认为，出现高度不一致的题项表明存在多重观点的可能性较大，因此，研究剔除存在两人判断不一致和三人不一致的题项，共计 14 项。对于两人一致（一人不一致）的题项，本研究邀请一位舞弊研究领域专家进行最终裁决，逐项判断每道题项与预期类属的吻合度，选项分为"高、中、低"三类，最终剔除 12 道题项中吻合程度为"中、低"的条目共计 3 项，剩余保留题项 47 项。

表 3-2　反向归类的复核校验结果

结果类型	题项数（项）	百分比（%）
三人一致	38	59
两人一致	12	19
两人不一致	9	14
三人不一致	5	8
合计数	64	100

为保证项目可读性满足量表优良项目的标准，本书随机邀请三位中小学生（六年级一位、七年级两位）进行项目可读性测试。测试时间各自独立，测试过程主要通过让三位中小学生逐条阅读题项，并对题项可理解性发表意见。测试结果如下：六年级的学生表示，对"舞弊"术语不太了解，除此之外不存在理解障碍；七年级的学生认为，不存在任何理解问题。上述测试结果表明，剩余保留题项的可读性水平处于适宜区间。

经过上述一系列定性研究和处理程序，本书初步构建了包含 47 道题项的职务舞弊认知合理化量表。后续，本书将通过调研问卷的发放采集一手数据，利用定量数据实现量表项目的提纯和量表结构的验证。

第二节　预调研与量表项目提纯

为保证量表质量，本书对初始题项进行预调研，从而进行量表项目的进一步提纯。问卷采用问卷星系统进行网上发放，发放对象为企业职务人员，共收回问卷 226 份，题项采用李克特七点评定计分。由于认知合理化因素属于敏感性问题，虽然问卷已采用无记名填答方式，但仍有可能会受到社会赞许效应的影响，因此，本书采用杨中芳（1996）的社会赞许性量表进行控制，共 10 道题项，例如"有时我会控制不住自己而向别人发火"。题项采用 2 点评定计分，选择"从未有过"计 0 分、"曾经有过"计 1 分。借鉴陈艳等（2017）方法，社会赞许效应题项总分低于 5 分的样本，代表着研究被试者不按自身真实意愿填答的可能性较大，予以剔除。在此基础上，剔除填答用时过短（小于 90 秒）的样本，最终用于项目提纯的样本量为 175 份。

一、项目鉴别度提纯

为保证每道题项具有清晰的项目鉴别度，研究需要对样本题项展开项目鉴别度分析（翁清雄等，2018）。具体操作方法为：将所有题项分数加总，由高到低进行排序，将题项总分排名前 27% 和后 27% 的样本分为高、低分两组，对两组在每道题上的分值进行均值差异检验，对于存在组间显著性差异（$P < 0.05$）的项目予以保留，反之则剔除。本书采用预测试样本按照上述程序进行检验，结果发现，47 道题项全在 1% 的水平上存在显著差异，因此不予剔除。

项目标准差反映单个项目得分的波动情况，项目标准差过低表明该项目得分的波动性较低，具有较差的项目鉴别度，因此，根据已有文献的参考标准，单个项目得分标准差小于 0.5 的项目应予剔除（翁清雄等，2018）。数据分析结果表明，47 道项目得分标准差全部大于 0.5，最低标准差为 1.245。综合上述，初始量表问卷的项目鉴别度较好。

二、项目信度提纯

为保证量表整体和单个项目均具有较高的信度水平，本书通过信度分析对初始量表题项进行信度提纯。量表整体的检验指标采用克隆巴赫 α 系数，农纳利（Nunnally，1978）建议把 0.7 作为 α 系数的最低可接受值，席仲恩（2016）综合已出版的量表情况，提出合适的 α 系数范围如下：低于 0.6，不能接受；0.6—0.65，不够好；0.65—0.7，最低可接受程度；0.7—0.8，较好；0.8—0.9，非常好；远大于 0.9，可以考虑缩短量表长度。数据分析结果表明，初始量表的整体信度为 0.969，远大于 0.9，说明量表整体信度非常好，并且可以考虑适当缩短量表长度。

进一步，研究利用校正的项目—总计相关系数（CITC 系数）检验单个项目的信度水平，一般而言，CITC 系数小于 0.5 的项目应予剔除。因此，本书按照 CITC 系数由小到大的顺序进行项目排序，依次剔除 CITC 系数最低的一个项目后，再次进行检验新量表的克隆巴赫 α 系数以及剩余题项的 CITC 系数，直至全部项目的 CITC 系数大于 0.5。最终共剔除项目 5 个，α 系数上升至 0.97，初始量表题项由 47 项减少至 42 项。

三、因子分析提纯

为保证量表题项满足结构质量的要求，研究对剩余的 42 道题项进行因子分析，KMO 和 Bartlett 检验结果表明，样本数据适合进行因子分析（KMO=0.936，Sig.=0.00）。研究采用主成分分析法提取公因子，并通过最大方差法获得因子载荷矩阵。根据项目检验标准（潘煜等，2014），依次将存在下列情形的项目予以剔除：（1）项目共同度小于 0.5；（2）项目因子载荷小于 0.5；（3）项目跨因子载荷大于 0.4。样本数据的分析结果如下：因项目共同度小于 0.5 而被剔除项目 0 项，因项目因子载荷小于 0.5 而被剔除项目 4 项，因项目跨因子载荷大于 0.4 而被剔除项目 6 项，最终剩余题项共计 32 项。

最后，本研究对部分测试对象进行回访，咨询测试者对题项设计的整体感受，并根据反馈情况，对三道题项的表达进行修订，以提高题项整体的阅读流畅度。下一阶段，本研究将对提纯后的认知合理化量表进行正式调研，通过第二次问卷发放收集样本数据，并采用所收集的数据对量表进行结构验证和信效度检验。

第三节　职务舞弊认知合理化的结构验证与信效度检验

一、数据搜集与样本分布

正式调研阶段对象为企业职务人员，主要通过问卷星系统进行网上发放。问卷全程采用无记名方式作答，问卷前言部分向测试对象声明，问卷所得信息仅供学术研究，资料绝对保密。除此之外，量表计分方式、社会赞许效应控制与预调研阶段一致。研究共收回问卷 806 份，为保证样本质量，剔除社会赞许效应题项总分低于 5 分以及用时过短的样本，最终获得有效样本量为 612 份。样本的结构分布情况如下：从性别来看，男性占比 41.7％，女性占比 58.3％；从年龄来看，18—25 岁占比 14.2％，26—30 岁以下占比 34.8％，31—40 岁占比 33.5％，41—50 岁占比 11.1％，51 岁以上占比 6.4％；从教育水平来看，专科及以下占比 10.6％，本科占比 32.7％，研究生占比 56.7％；从工作年限来看，10 年以下占比 66.1％，11—20 年占比 20.8％，20 年以上占比 13.1％；从岗位职级来看，普通员工占比 70.1％，经理层及高层管理者占比 29.9％；从宗教信仰来看，无宗教信仰占比 91.5％，有宗教信仰占比 8.5％；从产权性质来看，非国有企业占比 60.6％，国有企业占比 39.4％。

鉴于后续因子分析的需要，本研究将正式调研的样本，随机且均等地分为两个部分，分别为样本 A 和样本 B。独立样本的 T 检验结果表明，样本 A 和样本 B 在性别、年龄、教育水平、工作年限、产权性质、岗位职级、宗教信仰等统计变量的分布上均不存在显著性差异。

二、项目鉴别度检验

与预调研阶段一致，研究将所有题项分数加总，由高到低进行排序，将题项总分排名前 27％ 和后 27％ 的样本分为高、低两组，对两组在每道题上的分值进行均值差异检验。32 道题项在高、低分组的均值差异水平均在 1％ 的水平上达到显著，且每道题项的得分标准差均大于 0.5，检验结果如表 3-3 所示。综上所述，题项整体的项目鉴别度检验通过。

表 3-3　题项均值差异、标准差分析

项目	标准差	均值		Sig.	项目	标准差	均值		Sig.
		低分组	高分组				低分组	高分组	
V1	1.524	1.78	3.28	0.00	V17	1.863	1.93	4.84	0.00
V2	1.304	1.45	3.02	0.00	V18	1.713	1.82	4.60	0.00
V3	1.420	1.41	3.25	0.00	V19	1.855	1.98	4.90	0.00
V4	1.508	1.58	3.61	0.00	V20	1.617	1.55	4.42	0.00
V5	1.685	2.55	4.72	0.00	V21	1.453	1.64	4.18	0.00
V6	1.074	1.16	2.30	0.00	V22	1.371	1.52	3.59	0.00

续表

项目	标准差	均值		Sig.	项目	标准差	均值		Sig.
		低分组	高分组				低分组	高分组	
V7	1.829	2.31	4.72	0.00	V23	1.514	1.62	4.24	0.00
V8	1.648	1.62	4.08	0.00	V24	1.402	1.58	3.78	0.00
V9	1.165	1.15	2.65	0.00	V25	1.588	1.67	4.46	0.00
V10	1.433	1.38	3.59	0.00	V26	1.510	1.73	4.16	0.00
V11	1.452	1.30	3.68	0.00	V27	1.443	1.55	3.79	0.00
V12	1.359	1.31	3.38	0.00	V28	1.593	1.62	4.25	0.00
V13	1.930	1.68	4.43	0.00	V29	1.406	1.38	3.71	0.00
V14	1.877	1.74	4.48	0.00	V30	1.392	1.36	3.68	0.00
V15	1.841	1.85	4.67	0.00	V31	1.448	1.38	3.92	0.00
V16	1.898	1.97	4.88	0.00	V32	1.445	1.37	3.87	0.00

三、探索性因子分析

在进行验证性因子分析之前，本研究首先通过探索性因子分析来检验各题项的设计是否达到质量要求。研究采用样本 A 进行探索性因子分析，KMO 和 Bartlett 检验结果表明，样本数据适合进行因子分析（KMO=0.931，Sig.=0.00）。研究采用主成分分析法提取公因子，并通过最大方差法获得因子载荷矩阵，累计解释的总方差为 78.84%。

用于检验题项质量的因子分析指标主要有两个，分别为项目共同度和因子载荷。项目共同度指标反映的是原始题项与公因子间的关系程度，项目共同度越大代表提取出的公因子对于原始题项信息的解释程度越高，一般认为，项目共同度水平不能低于 0.5（潘煜等，2014）；因子载荷指标，从统计意义上来说，是指原始题项与公因子间的相关系数，反映了题项在公因子上的相对重要性，一般而言，因子载荷以 0.5 作为剔除临界值的处理较为普遍（潘煜等，2014），与此同时，为保证题项设计具有区别效度，题项的跨因子载荷系数不得超过 0.4（翁清雄等，2018）。全部 32 道题项中，题项 V10 因项目共同度低于 0.5 而被剔除，题项 V6 与题项 V18 因跨因子载荷大于 0.4 而被剔除，最终剩余 29 道题项较好地分布于各个因子之中，如表 3-4 所示。

表 3-4 题项因子分析矩阵

题项	共同度	因子			题项	共同度	因子			题项	共同度	因子	
		S1	S2	S3			S4	S5	S6			S7	S8
V1	0.62	0.72			V13	0.68	0.74			V25	0.83	0.74	
V2	0.82	0.86			V14	0.77	0.84			V26	0.84	0.75	
V3	0.81	0.84			V15	0.80	0.83			V27	0.86	0.75	
V4	0.72	0.74			V16	0.80	0.80			V28	0.84	0.80	
V5	0.67		0.72		V17	0.78		0.77		V29	0.93		0.82
V6	0.71	跨因子载荷，删除			V18	0.84	跨因子载荷，删除			V30	0.91		0.78
V7	0.69		0.77		V19	0.73		0.58		V31	0.93		0.81
V8	0.70		0.68		V20	0.74		0.66		V32	0.93		0.81
V9	0.78			0.79	V21	0.85			0.70				
V10	0.44	共同度低，删除			V22	0.92			0.78				
V11	0.80			0.68	V23	0.87			0.76				
V12	0.74			0.70	V24	0.91			0.77				
因子名称		道德辩护	委婉标签	有利比较	因子名称		责任转移	责任分散	结果忽视	因子名称		差序歧视	责备归因

注：空白部分因子载荷不足临界值（0.5），故不予列示。

因子 S1 为道德辩护，代表个体通过更高的社会道义来实现认知合理化；因子 S2 为委婉标签，代表个体通过精心编制的华丽辞藻来实现认知合理化；因子 S3 为有利比较，代表个体通过与更加恶劣的行为进行对比来实现认知合理化；因子 S4 为责任转移，代表个体通过将责任推脱给上级领导来实现认知合理化；因子 S5 为责任分散，代表个体通过将责任分散给整个舞弊群体来实现认知合理化；因子 S6 为结果忽视，代表个体通过扭曲行为结果的方式来实现认知合理化；因子 S7 为差序歧视，代表个体通过贬低作为圈外人的受害者来实现认知合理化；因子 S8 为责备归因，代表个体通过将受害者视为罪有应得来实现认知合理化。

四、验证性因子分析

（一）一阶验证性因子分析

研究采用样本 B 进行验证性因子分析，数据样本为 306 人。实施验证性因子分析的目的是检验多维理论结构能否得到另一样本证据的支持，从而实现对认知合理化因素的结构验证。研究过程采用 Amos24.0 软件进行数据处理，本研究首先对一阶八因子结构进行验证性因子分析，结果发现，题项 V22、V29 的残差项与多个题项的残差之间高度相关，不满足残差独立原则，因此，研究将题项 V22、V29 予以剔除，剩余题项数为 27 项。

本研究设定了两个一阶备择模型，分别为 M1：一阶单因子模型，即假定全部题项共享同一潜变量——认知合理化；M2：一阶八因子模型，即假定存在道德辩护、委婉标签、有利比较、责任转移、责任分散、结果忽视、差序歧视、责备归因八个一阶因子。

根据上述模型设定，本研究进行一阶验证性因子分析。根据杰克逊等（Jackson, et al., 2009）的报告标准，以往关于验证性因子分析的文献主要报告以下 9 类指标，分别为 χ^2、df、χ^2/df、GFI、AGFI、CFI、TLI、RMSEA、SRMR。其中，卡方（χ^2）值越小，代表模型整体的拟合度越好；自由度（df）越大代表模型越精简；χ^2/df 指标用来衡量考虑模型复杂度后理论模型与观测模型的拟合程度，数值小于 5 为可接受值、小于 3 为理想值；GFI、AGFI、CFI、TLI 同属于衡量理论模型（模型共变异数矩阵）与观测模型（样本共变异数矩阵）相似性的指标，一般而言，数值 0.8 以上为可接受值、0.9 以上为理想值；相反，RMSEA、SRMR 同属于衡量理论模型（模型共变异数矩阵）与观测模型（样本共变异数矩阵）差异性的指标，一般而言，数值 0.08 以下为可接受值、0.05 以下为理想值。根据上述标准，模型 M1、M2 的分析结果如表 3-5 所示，可以看出，一阶单因子模型除精简程度优于一阶八因子模型以外，其余指标均未达到可接受标准，卡方（χ^2）值为 3115.26 远远高于一阶八因子模型；反观一阶八因子模型，χ^2/df、CFI、TLI、SRMR 指标均达到理想值，GFI、AGFI、RMSEA 亦达到可接受标准。同时，M2 模型题项的因子载荷系数均达到 0.5 的阈值标准，并且在 0.001 的水平上显著，如表 3-6 所示。因此，一阶模型中 M2 模型为最优，职务舞弊认知合理化的一阶八因子结构得到验证。

表 3-5　职务舞弊认知合理化模型的主要拟合度指标

模型	χ^2	df	χ^2/df	GFI	AGFI	CFI	TLI	RMSEA	SRMR
理想值	愈小	愈大	<3	>0.9	>0.9	>0.9	>0.9	<0.05	<0.05
可接受值	愈优	愈精简	<5	>0.8	>0.8	>0.8	>0.8	<0.08	<0.08
M1：一阶单因子	3115.26	324	9.62	0.50	0.41	0.50	0.46	0.17	0.12
M2：一阶八因子	711.26	296	2.40	0.86	0.82	0.93	0.91	0.07	0.05
M3：二阶三因子	771.92	313	2.47	0.84	0.81	0.92	0.91	0.07	0.06

表 3-6　M2 模型题项的参数显著性估计

因子	题目	载荷	参数显著性估计				因子	题目	载荷	参数显著性估计			
			Unstd.	S.E.	T 值	P				Unstd.	S.E.	T 值	P
S1	V1	0.71	1.00				S5	V17	0.70	1.00			
	V2	0.90	1.13	0.08	14.22	***		V19	0.77	1.05	0.11	10.03	***
	V3	0.83	1.10	0.08	13.14	***		V20	0.76	0.91	0.09	10.04	***
	V4	0.71	1.05	0.09	11.53	***	S6	V21	0.82	1.00			
S2	V5	0.63	1.00					V23	0.85	1.06	0.07	15.34	***
	V7	0.72	1.23	0.15	8.00	***		V24	0.82	0.97	0.06	15.08	***
	V8	0.71	1.08	0.13	8.03	***	S7	V25	0.80	1.00			
S3	V9	0.50	1.00					V26	0.83	0.94	0.06	16.27	***
	V11	0.83	2.75	0.32	8.73	***		V27	0.90	0.95	0.05	17.69	***
	V12	0.92	2.62	0.32	8.22	***		V28	0.78	0.95	0.06	14.78	***
S4	V13	0.70	1.00				S8	V30	0.90	1.00			
	V14	0.76	1.04	0.09	12.07	***		V31	0.96	1.08	0.04	29.56	***
	V15	0.85	1.15	0.09	12.94	***		V32	0.96	1.09	0.04	29.31	***
	V16	0.87	1.25	0.09	13.45	***							

注：*** 表示 P < 0.001。

（二）二阶验证性因子分析

根据前述扎根研究的结论，本研究进一步对认知合理化的二阶结构展开验证，因此提出模型 M3：二阶三因子模型。假定道德辩护、委婉标签、有利比较共同构成二阶因子认知重构（A1），责任转移、责任分散、结果忽视共同构成二阶因子责任扭曲（A2），差序歧视、责备归因构成二阶因子价值贬低（A3）。二阶模型的分析结果如表 3-5 所示，可以看出，主要拟合度指标 χ^2/df、CFI、TLI 均达到理想值，GFI、AGFI、RMSEA、SRMR 亦达到可接受标准，说明整体而言，二阶三因子模型的拟合程度较好。不过，需要指出的是，当二阶模型存在四个以上一阶因子时，二阶模型的设定必然会造成卡方（χ²）值的增加，从而导致模型整体的拟合优度下降。为了检验二阶模型对一阶模型是否具有足够的代表性，马什和霍切瓦尔（Marsh，Hocevar，1985）提出了目标系数（target coefficient）的检验方法（见公式3-1），即用一阶模型的卡方值

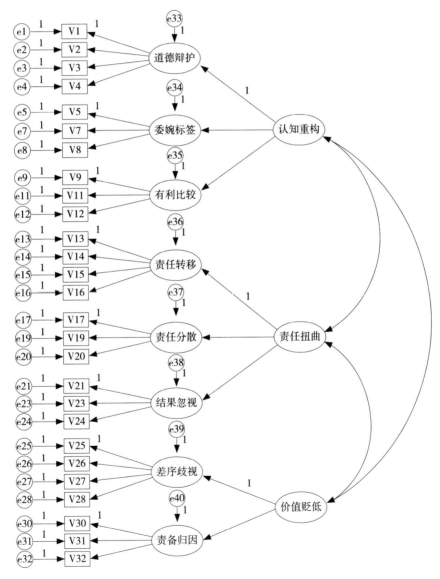

图 3-1　职务舞弊认知合理化的二阶三维结构模型

除以二阶模型的卡方值，所得到的目标系数愈接近 1，说明二阶模型越具有代表性。

$$Target\ Coefficient=\chi^2\,(first\ order\,)/\chi^2\,(second\ order\,) \tag{3-1}$$

根据上述标准，本研究计算得出二阶模型的目标系数为 0.92（711.26/771.92）。根据多尔等（Doll, et al., 1994）的标准，目标系数 0.92 表明，认知合理化的二阶模型具有充分的代表性，因此，职务舞弊认知合理化的二阶三因子结构得到验证，如图 3-1 所示。

五、信度与效度检验

对量表信度的评估，按照从整体到局部的顺序，主要分为两个层面：量表整体信度和潜变量信度（潘煜等，2014）。其中，对量表整体信度的检验指标采用克隆巴赫 α 系数，该值大于 0.7 为可接受标准；对潜变量信度的检验采用组合信度 CR 值，组合信度用于衡量潜变量与观测题项间的内部一致性水平，以大于 0.6 为宜。经数据分析，量表整体的克隆巴赫 α 系数为 0.93，说明量表整体信度水平较高。一阶、二阶潜变量信度检验如表 3-7、表 3-8 所示，其中，S1—S8、A1—A3 潜变量的组合信度 CR 值均大于 0.6，这说明量表整体通过了信度检验。

表 3-7　一阶潜变量的信度与效度检验

	S1	**S2**	**S3**	**S4**	**S5**	**S6**	**S7**	**S8**
S1	（0.79）							
S2	0.65	（0.69）						
S3	0.49	0.68	（0.77）					
S4	0.36	0.53	0.46	（0.80）				
S5	0.49	0.64	0.64	0.66	（0.74）			
S6	0.42	0.47	0.61	0.44	0.75	（0.83）		

续表

	S1	S2	S3	S4	S5	S6	S7	S8
S7	0.53	0.63	0.66	0.43	0.65	0.66	（0.83）	
S8	0.39	0.44	0.51	0.46	0.44	0.45	0.64	（0.94）
AVE	0.63	0.48	0.60	0.64	0.55	0.69	0.69	0.89
CR	0.87	0.73	0.81	0.87	0.79	0.87	0.90	0.96

注：对角线上括号内数值为潜变量 AVE 的平方根，其余数值为相关系数。

表3-8　二阶潜变量的信度与效度检验

	A1	A2	A3
A1	（0.78）		
A2	0.78	（0.81）	
A3	0.75	0.53	（0.87）
AVE	0.61	0.66	0.75
CR	0.82	0.85	0.85

注：对角线上括号内数值为潜变量 AVE 的平方根，其余数值为相关系数。

对量表效度的评估主要包括内容效度、结构效度和效标效度。其中，内容效度是指量表题项能够有效地度量研究问题，一般采用定性方法进行控制。在本研究中，量表题项的编制经过了资料搜集、调研访谈、内容自检、复核校验以及预调研提纯等一系列严格的控制措施，故认为量表题项的内容效度是可靠的。

量表的结构效度又分为收敛效度和区分效度。其中，收敛效度的检验采用平均变异数萃取量（AVE）进行判断，AVE 的数值越大，代表潜变量的内部测量题项之间相关程度越高，即潜变量的收敛效度越好。根据福内尔和拉克尔（Fornell，Larcker，1981）的标准，平均变异数萃取量 AVE 的数值大于 0.5，代表潜变量的收敛效度良好；区分效度的检验标准为，当潜变量的内部相关程度不低于该潜变量与外部其他变量的相关程度时，说明该变量的区分效度良好，反映到指标上，即指潜变量的 AVE 平方根不低于该潜变量与其他变量间的相关系数。经数据分析（见表 3-7、表 3-8），关于收敛效度，除变量 S2 的 AVE 值（0.48）略低于 0.5 以外，其他一阶、二阶潜变量的 AVE 均高于 0.5，说明量表整体的收敛效度较好；关于区分效度，除变量 S5 的 AVE 平方根（0.74）略低于 S5 与 S6 的相关系数（0.75）以外，其他一阶、二阶潜变量的 AVE 平方根均不低于该潜变量与其他变量间的相关系数，说明量表整体的区分效度较好。综上所述，除了效标效度检验尚未执行以外，量表整体通过了其他的效度检验。

第四节　职务舞弊认知合理化效标效度的实证检验

效标效度是基于量表变量与其他变量间相关关系的视角，为量表构建的效度提供证据。理论上，与量表所测变量存在经验关系的其他变量被称为"关联效标"。关联效标的选取并不要求变量之间隐含着因果关系，而是仅需要有理论或经验证据显示，某个效标与量表变量之间存在相关关系即可（席仲恩，2016）。基于此，本章在参考以往理论关系与经验关系研究的基础上，选取"马基雅维利主义特质"和"共情特质"作为检验认知合理化效标效度的关联效标。

一、关联效标的选取

（一）马基雅维利主义人格

马基雅维利主义（Machiavellianism）属于以自我利益追求为导向，擅长操纵且不择手段的一类人格特质，在进化心理学中，与自恋、精神病合称为黑暗三性格。高马基雅维利主义者在行为和心理的典型特征为：（1）冷酷无情，缺乏同情心和同理心；（2）擅长权谋，对他人和情景采取谋算分析的态度；（3）极度关注自我，以实现自我利益和目标作为唯一标准；（4）喜好操纵，在处理人际关系时会习惯性地将他人视为操控工具（秦峰和许芳，2013）。具体到职务舞弊情景下，墨菲（Murphy，2012）通过实验研究方法模拟报告环境，考察了不同马基雅维利主义倾向的行为人在实施错报行为后的情绪感受及其舞弊决策表现，结果发现，具备高马基雅维利主义特质的行为人会在错报行为后表现出更低程度的内疚情绪，并且其舞弊频率及舞弊金额均较他人更高。换言之，高马基雅维利主义者在实施舞弊行为的过程中不会因违背道德而产生强烈的自我谴责感，由此，其实施认知合理化以缓释内心谴责的动机性和倾向性则更强。细分而言，采取权谋思维进行谋算和分析的特征使其擅长对所处情景中的有利信息加以选择性利用，并借此对职务舞弊行为的实施动机进行认知重构；极度以自我为中心的性格特征让高马基雅维利主义者习惯性地进行责任推诿，从而将自身应承担的责任进行转移、分散和扭曲；喜好操纵的性格特征使其倾向于将舞弊行为的受害人视为实现其自身利益的工具，因而更易对其进行价值贬低。根据上述分析，具有高程度马基雅维利主义特质的行为人，其认知合理化倾向应该更高，即行为人的马基雅维利主义特质与认知合理化之间应存在正向相关关系。

（二）共情特质

共情（empathy）一词在社会心理学领域的发展已逾百年，所形成的普遍共识是，具有高共情特质的个体，其在理解他人的状态和感受、产生情绪性共鸣等方面的能力更强（安连超等，2018）。进一步，共情又可被细分为两大成分，分别为情绪共情和认知共情。其中，前者代表对他人情绪的识别与反应，后者代表对他人情绪状态产生因由的理解。与之相应，认知合理化倾向的产生很大程度上源自对他人情绪、需求以及观点的忽视或扭曲。因此，具有高共情特质的个体会因较强的情绪识别、感受和理解能力从而能够显著抑制认知合理化倾向。具体而言，个体较高的认知共情能力会使其对于认知合理化因素的认知重构成分和责任扭曲成分具有较强的鉴别能力，从而能够抑制上述两种途径发挥作用；个体较高的情绪共情能力会强化其对舞弊受害者的同理心反应，从而使其能够拒绝通过价值贬低的途径来实现认知合理化。根据上述分析，可以认为，行为人的共情特质与认知合理化倾向之间应存在负向相关关系。

二、研究方法

(一) 研究数据

本部分研究将对认知合理化的正式量表进行第三次问卷发放，回收样本的剔除标准同前，最终获得有效样本量 357 份。样本的结构分布情况如下：从性别来看，男性占比 39.8%，女性占比 60.2%；从年龄来看，18—25 岁占比 9.0%，26—30 岁以下占比 27.5%，31—40 岁占比 36.1%，41—50 岁占比 17.1%，51 岁以上占比 10.3%；从教育水平来看，专科及以下占比 15.9%，本科占比 35.1%，研究生占比 49.0%；从工作年限来看，10 年以下占比 54.5%，11—20 年占比 23.0%，20 年以上占比 22.5%；从岗位职级来看，普通员工占比 63.6%，经理层及高层管理者占比 36.4%；从宗教信仰来看，无宗教信仰占比 90.2%，有宗教信仰占比 9.8%；从产权性质来看，非国有企业占比 63.6%，国有企业占比 36.4%。

(二) 测量工具

第三次调研问卷的测量内容包括：研究被试者的基本统计信息、认知合理化倾向、马基雅维利主义特人格、共情特质、社会赞许效应。除基本统计信息和社会赞许效应外，其余量表均采用李克特七点评定计分。

马基雅维利主义人格采用达林和惠特克（Dahling，Whitaker，2009）

所编制的量表，包含五个题项，诸如"我觉得为了保持自己的竞争力撒点小谎也没什么"，"我跟他人攀谈的原因就是想获取对我有利的信息"，"如果对成功有帮助，我觉得采取适当的不道德行为是被允许的"等。该量表在本次研究中的克隆巴赫 α 系数为 0.761，KMO 统计量为 0.733 且在 1% 的水平上显著。

共情特质采用戴维斯（Davis，1980）所编制的人际反应指数量表（IRI）进行测量，其中，共情关怀维度测量个体的情绪共情能力，共六道题项，诸如"对那些比我不幸的人，我经常对他们有心软、体贴和关怀的感觉"，"当我看到有人被利用时，我会想要去保护他们"，"我认为自己是一个很有同情心的人"等；观点采择维度测量个体的认知共情能力，共五道题项，诸如"在做决定前，我会试着从每个人的立场去考虑问题"，"我相信任何问题都有两面性，所以我会尝试从不同的方面考虑问题"，"有时我会想象从朋友的观点、角度去看待事情，以便更好地了解他们"等。该量表在本次研究中的克隆巴赫 α 系数为 0.811，KMO 统计量为 0.855 且在 1% 的水平上显著。

控制变量：根据以往职务舞弊行为的研究结论，本研究选取性别、年龄、教育水平、工作年限、岗位职级、收入水平、宗教信仰等人口统计学变量以及产权性质、所属行业等组织层变量作为本书的控制变量（孔晨和陈艳，2015；陈艳等，2017；王汉瑛等，2018）。

社会赞许效应控制：由于认知合理化研究的敏感性，本研究采用杨中芳（1996）的社会赞许性量表进行控制，共十道题项，诸如"有时我会控制不住自己而向别人发火"，题项采用两点量表计分，0 代表"从未有过"，1 代表"曾经有过"。

（三）检验模型

为检验关联效标与认知合理化因素之间的相关关系，本研究建立了以下模型：其中，式（3-2）用于检验，在控制社会赞许效应及其他控制变量的情况下，行为人的马基雅维利主义特质与认知合理化倾向之间是否存在正向相关关系；式（3-3）用于检验，在控制社会赞许效应及其他控制变量的情况下，行为人的共情特质与认知合理化倾向之间是否存在负向相关关系。

$$Rat_i = \alpha_0 + \alpha_1 Machi_i + \alpha_2 Desira_i + \sum \alpha Control_i + \varepsilon_i \qquad （3-2）$$

$$Rat_i = \beta_0 + \beta_1 Emp_i + \beta_2 Desira_i + \sum \beta Control_i + \varepsilon_i \qquad （3-3）$$

上述公式中的 Rat 代表认知合理化倾向，$Desira$ 代表社会赞许效应，$Control$ 代表控制变量。在式（3-2）、式（3-3）的基础上，本研究进一步细化检验了马基雅维利主义、共情特质与认知合理化二阶因子（A1—A3）、一阶因子（S1—S8）之间的相关关系。模型中的具体变量定义如表3-9所示。

表 3-9　变量定义

变量			符号	定义
被解释变量		认知合理化	Rat	认知合理化量表题项均值
	二阶三因子	认知重构	$A1$	认知重构二阶因子题项均值
		责任扭曲	$A2$	责任扭曲二阶因子题项均值
		价值贬低	$A3$	价值贬低二阶因子题项均值
	一阶八因子	道德辩护	$S1$	道德辩护一阶因子题项均值
		委婉标签	$S2$	委婉标签一阶因子题项均值
		有利比较	$S3$	有利比较一阶因子题项均值
		责任转移	$S4$	责任转移一阶因子题项均值
		责任分散	$S5$	责任分散一阶因子题项均值
		结果忽视	$S6$	结果忽视一阶因子题项均值
		差序歧视	$S7$	差序歧视一阶因子题项均值
		责备归因	$S8$	责备归因一阶因子题项均值
解释变量		马基雅维利主义	$Machi$	马基雅维利主义量表题项均值
		共情特质	Emp	移情特质量表题项均值

续表

变量		符号	定义
控制变量	性别	*Gender*	男性取 0，女性取 1
	年龄	*Age*	18 岁以下、18—25 岁、26—30 岁、31—40 岁、41—50 岁、51—60 岁、60 岁以上依次取值 1—7
	教育水平	*Educa*	高中及以下、专科、本科、研究生依次取值 1—4
	工作年限	*Work_s*	1 年以下、1—3 年、4—6 年、7—10 年、11—15 年、16—20 年、20 年以上依次取值 1—7
	岗位职级	*Rank*	普通员工、经理层、高层管理者依次取值 1—3
控制变量	收入水平	*Rev*	年收入 5 万元以下、5 万—7 万元、8 万—10 万元、11 万—15 万元、16 万—20 万元、21 万—30 万元、30 万元以上依次取值 1—7
	宗教信仰	*Faith*	无宗教信仰取 0，有宗教信仰取 1
	产权性质	*Equity*	非国有企业取 0，国有企业取 1
	社会赞许性	*Desira*	社会赞许性量表题项均值
	行业	*Industry*	根据国家统计局《2017 年国民经济行业分类》和数据结构设置 18 个哑变量

三、实证结果与分析

（一）相关性分析

在不控制人口统计学变量的情况下，本研究首先采用 Spearman 相关系数为马基雅维利主义、共情特质与认知合理化因素之间的相关关系提供初步证据，各变量之间的相关系数如表 3-10 所示。从表 3-10 呈现的相关数据中可以看出，马基雅维利主义人格与认知合理化倾向正相关（$r=0.45$，$p<0.01$）；共情特质与认知合理化倾向负相关（$r=-0.14$，$p<0.05$），上述结果初步说明了认知合理化与关联效标之间的理论预期成立，这为认知合理化量表构建的效标效度提供了初步证据。

表 3-10　各变量间的相关性检验

	Rat	Machi	Emp	Gender	Age	Educa	Work_s	Rank	Rev	Faith	Equity
Rat	1.00										
Machi	0.45 ***	1.00									
Emp	−0.14 **	−0.13*	1.00								
Gender	−0.11*	−0.13*	0.01	1.00							
Age	−0.04	−0.12*	0.02	−0.16 **	1.00						
Educa	0.09	0.16 **	0.06	0.03	−0.31 ***	1.00					
Work_s	−0.05	−0.135*	0.05	−0.19 ***	0.89 ***	−0.37 ***	1.00				
Rank	−0.05	−0.01	0.07	−0.27 ***	0.49 ***	−0.09	0.53 ***	1.00			
Rev	0.07	0.11*	0.10*	−0.31 ***	0.27 ***	0.17 ***	0.29 ***	0.50 ***	1.00		
Faith	−0.07	−0.03	0.02	0.04	0.13*	−0.03	0.16 **	0.14 **	0.00	1.00	
Equity	0.01	0.03	0.01	−0.07	0.06	0.03	0.03	−0.08	0.06	−0.06	1.00

注：***、**、* 分别代表在 1%、5%、10%的水平上显著，下同。

（二）回归分析

为检验前述理论预期是否成立，本研究以认知合理化作为被解释变量，以马基雅维利主义、共情特质作为解释变量进行多元线性回归分析。表 3-11 分别列示了在加入控制变量和未加入控制变量情况下的回归结果，模型的多重共线性检验结果显示，关联效标为马基雅维利主义组的方差膨胀因子（VIF）处于 1.10—5.73 区间，关联效标为共情特质组的方差膨胀因子（VIF）处于 1.09—5.72 区间，均小于 10，这说明模型设定不存在严重的多重共线性问题，研究采用异方差稳健的标准误进行估计。

表 3-11 的检验结果显示，不论是否加入控制变量，马基雅维利主义人格均与认知合理化倾向存在显著的正相关关系，且在 1% 的水平上显著（未加入控制变量：α=0.409，p<0.01；加入控制变量：α=0.408，p<0.01）；共情特质均与认知合理化倾向存在显著的负相关关系，且在 5%的水平上显著（未加入控制变量：β=−0.161，p<0.05；加入控制变量：β=−0.156，p<0.05）。总体而言，回归结果与理论预期相符，这表明认知合理化量表的效标效度较好。

关于控制变量，岗位职级与认知合理化在两组回归的结果中都呈显著负相关，可能的原因是，岗位职级越高的管理者，其实施舞弊所涉及的金额和影响程度越大，因而对认知合理化的接受程度反而减弱；性别因素在共情特质组与认知合理化呈显著负相关关系，在马基雅维利主义组中虽不显著，但符号仍然为负，这总体说明，女性员工的认知合理化程度要低于男性员工；同样，收入在共情特质组与认知合理化程度呈显著正相关关系，在马基雅维利主义组中虽不显著，但符号仍然为正，这总体说明，个体的收入水平越高，其实施认知合理化的倾向性越大。

表 3-11　基本的回归结果

变量名称	关联效标：马基雅维利主义		关联效标：共情特质	
	Rat	*Rat*	*Rat*	*Rat*
Machi	0.409***（9.08）	0.408***（9.54）		
Emp			−0.161**（−2.14）	−0.156**（−2.01）
Gender		−0.102（−0.97）		−0.197*（−1.70）
Age		−0.026（−0.32）		−0.013（−0.13）
Educa		0.005（0.07）		0.080（1.00）

变量名称	关联效标：马基雅维利主义		关联效标：共情特质	
	Rat	*Rat*	*Rat*	*Rat*
Work_s		0.040 （0.75）		0.012 （0.19）
Rank		−0.179** （−2.01）		−0.179* （−1.65）
Rev		0.045 （1.28）		0.067* （1.68）
Faith		−0.107 （−0.58）		−0.124 （−0.61）
Equity		−0.090 （−0.86）		−0.113 （−0.96）
Desira		0.176 （0.56）		0.509 （1.45）
Industry		控制		控制
_cons	1.121*** （7.29）	1.036* （1.91）	3.396*** （8.48）	2.628*** （3.92）
N	357	357	357	357
R^2	0.209	0.252	0.015	0.086
Adj R^2	0.206	0.190	0.012	0.011

注：***、**、* 分别代表在 1%、5%、10% 的水平上显著，括号内报告的是相应回归系数的 T 值，下同。

（三）进一步检验：二阶和一阶因子层面分析

在前述分析的基础之上，本研究进一步对认知合理化因素的二阶和一阶因子进行分析，即以二阶或一阶因子为被解释变量进行回归。认知合理化二阶因子的回归结果如表 3-12 所示，可以看出，马基雅维利主义与认知重构、责任扭曲、价值贬低因子均存在显著的正相关关系（A1：α =0.400，p<0.01；A2：α =0.436，p<0.01；A3：α =0.394，p<0.01）；共情特质与责任扭曲、价值贬低因子均存在显著的负相关关系

（A2：β=−0.202，p<0.05；A3：β=−0.187，p<0.05），与认知重构因子虽不显著，但符号仍然为负（A1：β=−0.121，p>0.1）。

表 3-12　认知合理化二阶因子的模型回归结果

变量名称	关联效标：马基雅维利主义			关联效标：共情特质		
	A1	*A2*	*A3*	*A1*	*A2*	*A3*
Machi	0.400*** （7.95）	0.436*** （7.46）	0.394*** （7.66）			
Emp				−0.121 （−1.62）	−0.202** （−2.02）	−0.187** （−2.44）
控制变量	控制	控制	控制	控制	控制	控制
_cons	0.652 （1.22）	1.525** （2.08）	0.715 （1.37）	2.047*** （3.00）	3.417*** （3.86）	2.448*** （3.91）
N	357	357	357	357	357	357
R^2	0.273	0.195	0.240	0.113	0.081	0.096
Adj R^2	0.213	0.129	0.178	0.040	0.005	0.022

认知合理化一阶因子的模型回归结果如表 3-13、表 3-14 所示，可以看出，马基雅维利主义与一阶层面的八个因子均存在显著的正相关关系；除道德辩护（S1）和责任转移（S4）维度外，共情特质与其余一阶层面的六个因子均存在显著的负相关关系。值得探讨的是，共情特质与道德辩护（S1）和责任转移（S4）的回归除结果不显著以外，系数符号亦发生转变，其可能的原因在于：共情特质本质上是在理解他人的状态和感受、产生情绪性共鸣等方面能力更强，但就道德辩护而言，行为人面临的其实是对不同定义下的道德行为进行取舍。换而言之，道德辩护本质上隶属于道德困境的两难抉择，因此，行为人的共情特质对两难抉择中的道德行为均会产生影响，因而导致共情特质无法抑制道德辩护合理化的产生；就责任转移而言，在企业情景下，责任转移往往产生于上级或领导的强制性指令，在

上级职权的威慑效应下，个体意愿往往很难发挥出有效的抑制作用，因而导致回归结果不显著。

表 3-13 认知合理化一阶因子的模型回归结果（马基雅维利主义）

变量名称	关联效标：马基雅维利主义							
	S1	*S2*	*S3*	*S4*	*S5*	*S6*	*S7*	*S8*
Machi	0.339*** （4.95）	0.515*** （7.65）	0.347*** （6.38）	0.348*** （4.24）	0.513*** （7.15）	0.447*** （7.69）	0.426*** （7.38）	0.361*** （6.25）
控制变量	控制	控制	控制	控制	控制	控制	控制	控制
_cons	1.213 （1.50）	0.734 （0.98）	0.009 （0.02）	2.213** （2.01）	1.809** （2.06）	0.554 （0.92）	0.652 （1.12）	0.777 （1.30）
N	357	357	357	357	357	357	357	357
R^2	0.148	0.263	0.208	0.115	0.173	0.241	0.215	0.190
Adj R^2	0.078	0.202	0.143	0.042	0.105	0.179	0.150	0.124

表 3-14 认知合理化一阶因子的模型回归结果（共情特质）

变量名称	关联效标：共情特质							
	S1	*S2*	*S3*	*S4*	*S5*	*S6*	*S7*	*S8*
Emp	0.001 （0.01）	−0.182* （−1.67）	−0.184** （−2.42）	0.001 （0.01）	−0.269** （−2.19）	−0.339*** （−3.80）	−0.178** （−2.12）	−0.197** （−2.13）
控制变量	控制	控制	控制	控制	控制	控制	控制	控制
_cons	1.841* （1.90）	2.665*** （2.70）	1.637** （2.53）	2.858** （2.23）	4.201*** （4.00）	3.193*** （4.30）	2.396*** （3.39）	2.500*** （3.54）
N	357	357	357	357	357	357	357	357
R^2	0.069	0.137	0.102	0.070	0.071	0.135	0.081	0.097
Adj R^2	0.007	0.066	0.028	0.007	0.005	0.064	0.006	0.023

本章小结

　　认知合理化因素的结构与测量问题是阻碍该因素在理论与实践中发展的关键障碍。为解决上述问题，本章通过资料搜集、调研访谈、扎根研究、复核校验、项目提纯、结构验证、信效度检验等多个步骤，实现了对认知合理化因素的结构探索与量表开发，本章的主要研究结论总体如下。

　　第一，从内在结构来说，认知合理化因素呈现出二阶三维的因子结构。具体而言，三个二阶因子分别为认知重构、责任扭曲和价值贬低，其中，认知重构因子是指通过认知上对行为进行重新解读，从而使舞弊行为看起来是可以接受的，该因子下的一阶构面包括道德辩护、委婉标签和有利比较；责任扭曲因子是指通过转移、分散和忽视等方式来推脱和扭曲舞弊责任，其一阶构面包括责任转移、责任分散和结果忽视；价值贬低因子是指通过对舞弊行为的受害者进行价值贬低，从而将舞弊行为认定为理所应当，其一阶构面包括差序歧视、责备归因。进一步，三个二阶因子间的主要差异表现在：认知重构的关注焦点在于"舞弊行为的性质本身"，通过在认知上进行重新解读，将舞弊行为从性质上解读为是一件"不坏"的事情；责任扭曲的关注焦点在于"舞弊责任的承担"，实施责任扭曲的个体不否认舞弊行为是一件"坏事"，而是通过责任转移、责任分散和结果忽视方式来遮掩自身应承担的责任；价值贬低因子则将矛头对准"舞弊行为的受害者"，通过"歧视"或"仇视"的方式，认为受害者被害是一件理所应当或是罪有应得的事情。

　　第二，从构念度量来说，本章为认知合理化因素构建了包含 27 道题项的测量量表。上述量表题项的形成严格按照扎根理论的要求进行，在经过项目提纯和信效度检验后，最终保留的 27 道题项在项目鉴别度、量表整体信度、潜变量信度、内容效度、结构效度（收敛效度、区分效度）及效标效度等方面均通过了检验标准，这表明认知合理化量表的整体质量较佳。

第三，从变量关系来说，本章从人格特质视角实证检验了认知合理化因素的效标效度。其中，马基雅维利主义人格与认知合理化因素在整体、二阶、一阶层面都存在显著的正相关关系；共情特质与认知合理化因素在整体、二阶部分、一阶部分层面都存在显著的负相关关系，整体而言，量表整体的效标效度较好。此外，相关实证结果还表明，具有马基雅维利主义人格的行为人属于认知合理化程度较高的潜在群体，从舞弊治理角度而言，该类个体的内部道德自律能力较弱，在其他条件一定的情况下，其实施舞弊行为的倾向性更高；从共情特质来说，具有高共情能力的个体，其道德自律性更强，因而抵御诱惑的意志力更高。有鉴于此，在企业用人选聘的过程中，尤其是涉及组织核心机密、关键授权等部门的人才选拔上，应更为关注于对个体共情能力的考察。

第四章　认知重构与职务舞弊行为研究

　　本章将对认知合理化因素的第一个维度——认知重构维度及其与职务舞弊行为的关系展开探究。遵循"认知重构→职务舞弊行为→诱发因素探究"的研究路径，运用调查及实验研究方法，探讨认知重构维度下认知合理化对职务舞弊行为的影响效应、作用机理与诱发因素。首先，实证检验认知重构维度下道德辩护、委婉标签及有利比较合理化对职务舞弊行为及舞弊负性情绪的影响。其次，通过构建中介效应模型实证检验"认知重构→负性情绪→职务舞弊行为"的中介作用机理。再次，探索该维度下，不同认知合理化对职务舞弊行为影响的程度差异。最后，在进一步研究中，基于信息搜寻视角，选取"组织认同""道德认同""监管处罚公告"三个实践情景，实证考察认知重构维度下职务舞弊认知合理化的诱发因素。

第一节　理论分析与研究假说

　　舞弊三角理论指出，压力、机会和认知合理化是舞弊行为产生的三大条件。在个体职务舞弊决策的动态过程中，上述三因素存在的作用关系如图 4-1 所示，首先，压力因素构成了诱发行为人产生舞弊倾向的先决动因，在压力因素之下，行为人欲实施舞弊还须突破外部防线与内部防线的双重约束。其中，外部防线是指受制于外在监管与企业内部控制制度而成的外部硬约束，内部防线是指自律于行为人的内在道德防线而成的内部软约束；进一步，在突破双重约束的动态过程中，机会与认知合理化则分别构成了瓦解行为外部防线与内部防线的关键因素（陈邑早等，2020）。沿袭该逻辑，当存在舞弊压力和舞弊机会时，是否实施舞弊将取决于最后一道防线（内在道德防线）的约束程度。理论上，在此情景下，个体的认知合理化程度越高，其内在道德防线的约束程度越低，因而其实施职务舞弊行为的倾向性则会越强。

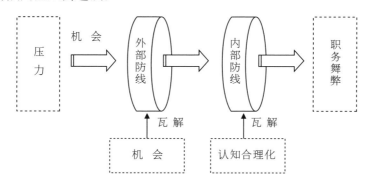

图 4-1　职务舞弊行为决策的动态过程图

　　行为个体的内在防线本质上表现为内在自我的"道德关"（杨继平等，2010），具体到认知重构维度下，其如何缓解行为个体的道德约束是此处需要进一步探讨的关键问题。前已述及，认知重构的关注焦点是"舞弊行为的性质"，方法论上是通过认知重构来实现对舞弊行为的重新解读，而其目的是将职务舞弊行为从性质上界定为贴合道德的。细分而言，道德辩护合理化是通过将职务舞弊行为的实施初衷解读为是为了实现更高的社会道义，从而将职务舞弊"包装"成为一件吻合道德色彩的行为；委婉标签合理化是通过运用语义学中概念混淆的方法，采用精心编制的华丽辞藻将职务舞弊解读为一件具有正面、积极色彩的道德行为；有利比较合理化则通过将自己的行为与更加恶劣的行为进行比较，从而削减自身舞弊行为的道德违背程度。由此而言，认知重构维度的三个合理化机制可以有效通过"重新界定行为道德性"的方式来减少真实欲望的自我（舞弊者）与理想道义的自我（道德者）之间的内心冲突，进而导致其实施职务舞弊行为的倾向性增强。基于上述分析，本章提出如下研究假说：

H1：认知重构维度下，行为人的认知合理化程度越高，其职务舞弊行为倾向越大。

H1a：行为人的道德辩护合理化程度越高，其职务舞弊行为倾向越大。

H1b：行为人的委婉标签合理化程度越高，其职务舞弊行为倾向越大。

H1c：行为人的有利比较合理化程度越高，其职务舞弊行为倾向越大。

费斯汀格（Festinger，1957）的认知失调理论指出，行为人会在无意识中按照内心既定的认知习性对外部环境或自我行为加以解释，从而保持个体内在认知的一致性。然而，当外部环境或自我行为超出个体既定认知的解释范畴时，这将会导致行为人产生认知冲突，而这种认知冲突会引发行为人内心产生心理不适［费斯汀格（Festinger，1957）］、内疚［海德特（Haidt，2009）］等负性情绪。因此，为了缓解认知冲突所引起的负性情绪，行为人需要依托于认知合理化来实现对外部环境或个体行为的认知曲解，从而维持内在认知的一致性。

置于舞弊决策情景下，自我的道德信念（既定认知习性）与实施舞弊行为的违道德性会使行为人产生认知失调，进而引发个体产生心理不适、内疚等负性情绪（陈邑早等，2019）。而认知重构维度下的三个认知合理化机制——道德辩护合理化、委婉标签合理化、有利比较合理化，则可以通过改变个体对自我行为的认知，从而将职务舞弊行为披上"近道德"外衣。在此情景下，自我认知对舞弊行为的道德判断逐渐趋同于道德自我，继而缓解因认知失调而诱发的负性情绪（陈艳等，2017）。综上所述，在认知重构维度下，行为人的认知合理化程度越高，意味着其对舞弊行为进行道德伪装的能力越强，因此在进行舞弊决策时所产生的负性情绪水平越低。基于上述分析，本章提出如下研究假说：

H2：认知重构维度下，行为人的认知合理化程度越高，其在职务舞弊决策时所产生的负性情绪越低。

H2a：行为人的道德辩护合理化程度越高，其在职务舞弊决策时所产生的负性情绪越低。

H2b：行为人的委婉标签合理化程度越高，其在职务舞弊决策时所产生的负性情绪越低。

H2c：行为人的有利比较合理化程度越高，其在职务舞弊决策时所产生的负性情绪越低。

在以职务舞弊为代表的道德决策过程中，海德特（Haidt，2008）认为，道德情绪与道德决策之间相互依存的程度更高，但是过往研究者对职务舞弊问题的探讨却忽视了情绪对个体行为决策的重要作用。班杜拉（Bandura，2002）将约束个体非伦理行为的内在机制称为"情绪性自我监控"（affective self-regulatory mechanism）而非"理性化抽象推理"（dispassionate abstract reasoning），并借以强调情绪在个体道德决策中的重要地位。

与此同时，随着过往十余年神经影像技术的突破与发展，神经科学揭示了道德决策与情绪控制脑区之间的密切相关性。达马西奥（Damasio，2007）研究发现，当个体用于控制负性情绪的脑区（前额叶皮层）遭受神经性损伤后，原本非常熟悉且严格遵守道德规则的行为人，或多或少地会出现偏离社会道德规范的行为，同时，上述患者并没有表现出其他行为或认知上的缺陷，只是无法有效地作出道德决策。此外，还有部分研究者通过功能性磁共振成像（functional magnetic resonance imaging，FMRI）研究发现，当实验机制要求研究被试进行道德判断时，参与者大脑中负责控制负性情绪的前额叶皮层区域将会被点亮和激活［格林等（Greene, et al., 2001）］。

根据上述研究结论，可以合理推断，当面对道德决策时，行为人预期的负性情绪水平将会对其道德决策起到关键作用，即负性情绪能够显著抑制个体实施不道德行为的倾向性。具体到职务舞弊情景下，当面对舞弊压力和舞弊机会时，行为人舞弊决策的负性情绪水平越高，其实施职务舞弊行为的倾向性则越低。在此基础上，综合前述，当引入认知合理化这一研究变量后，本章预期认知合理化、负性情绪以及职务舞弊行为倾向三者之间将存在如下逻辑关系：在认知重构维度下，行为人的认知合理化程度越高，其越有能力通过对舞弊行为进行道德伪装来缓解负性情绪，从而使得负性情绪对舞弊决策的抑制作用失效，即负性情绪在认知合理化与职务舞弊行为倾向之间具有中介作用。基于上述分析，本章进一步提出如下研究假说：

H3：认知重构维度下，负性情绪在认知合理化与职务舞弊行为倾向之间具有中介作用。

H3a：负性情绪在道德辩护合理化与职务舞弊行为倾向之间具有中介作用。

H3b：负性情绪在委婉标签合理化与职务舞弊行为倾向之间具有中介作用。

H3c：负性情绪在有利比较合理化与职务舞弊行为倾向之间具有中介作用。

第二节　研究设计与方法

一、研究工具与变量设计

情景模拟法被认定为是一种适宜伦理道德问题研究的有效工具。例如，卡瓦诺和弗里切（Cavanugh，Fritzsche，1985）通过对各类研究工具进行比较后发现，在商业伦理问题的研究中，情景模拟法可以让研究被试的决策情景更加趋真，更有助于激发决策者的真实情感反应，因而较其他研究工具而言测量效度更高。除此之外，情景模拟法还能够有效测度出被试者在舞弊行为决策中的微观心理变化。有鉴于此，为了更加细致地刻画被试者在舞弊行为决策中的微观心理过程，本章将采用情景模拟法展开研究，具体的研究变量及研究工具设计如下。

认知合理化因素（认知重构维度）。认知合理化因素采用第三章编制的量表进行测量。其中，道德辩护合理化包含四个题项，如"如果你是为了防止公司破产倒闭而实施财务造假，这也算是一种组织忠诚"等；委婉标签合理化包含三个题项，如"有时有意隐瞒公司真实信息是维持竞争优势的有效策略"等；有利比较合理化包含三个题项，如"与巨额贪污相比，收受点小恩小惠算不了什么"等，上述题项全部采用李克特七点评定计分。

职务舞弊决策情景。为了准确测量被试者在不同认知合理化情景下的职务舞弊行为倾向，本章采用"1+3"式的舞弊情景结构设计，即一个基本情景加三个条件情景。基本情景借鉴基妮特等（Jeanette, et al., 2009）的蓝本加以设计，主要内容为"由于公司存在融资需求，根据银行信贷标准，需要通过一些特殊手段将公司目前尚不达标的资产负债率维持在合理水平"。研究在基础情景部分为被试者提供了相应的舞弊压力（融资成功会增加40万元的年终奖）和舞弊机会（技术操纵上完全可行）。

在此基础上，引入三个条件情景是为了将不同类型的认知合理化信息引入，并据此来精确考察被试者在不同认知合理化情景下的职务舞弊行为倾向。其中，道德辩护情景下的测量内容为"如果该项融资失败会导致公司因现金流断裂而出现破产危机，你会选择实施信息操纵行为的倾向性"；委婉标签情景下的测量内容为"如果你的朋友以'这只是一种生存策略'

为由劝你实施该行为，你会选择实施信息操纵行为的倾向性"；有利比较情景下的测量内容为"如果你从他人口中得知，某集团企业成功通过财务造假和大额商业贿赂等更为恶劣的手段来获得银行信贷，你会选择实施信息操纵行为的倾向性"。职务舞弊行为倾向的测度采用李克特七点评定计分，负性情绪的测度后附于每一个条件情景，导语部分通过询问被试者"假定你实施了上述信息操纵行为，你预期可能会有的想法和感受"来要求其作答，采用坦尼（Tangney，1990）的负性情绪量表进行测量，共三个题项，如"心理会感觉很不舒服"等，上述题项采用李克特七点评定计分。

问卷质量控制。为保证样本数据质量，研究过程在上述基础上，通过增加两道后测题项来考察被试者对填答规则的理解程度以及填答过程的认真程度，两道题项全部答对的样本予以保留。

社会赞许效应控制。虽然问卷已采用无记名方式填答，但仍有可能受到社会赞许效应的影响，即研究被试按照社会期许的方向填答，从而掩饰自身不被称道的真实想法。为避免由于社会赞许效应所导致的填答偏差，本章采用杨中芳（1996）的社会赞许性量表进行控制，共十道题项，如"有时我会控制不住自己而向别人发火"等。题项采用两点评定计分，选择"从未有过"计 0 分，"曾经有过"计 1 分。

综合上述，本章研究的情景流程设计及研究工具如表 4-1 所示。

表 4-1 情景流程设计及研究工具

流程设计	度量指标	研究工具
认知合理化 （认知重构维度）	道德辩护合理化	第三章认知合理化量表
	委婉标签合理化	
	有利比较合理化	
职务舞弊决策情景	职务舞弊行为倾向（道德辩护）	一道题项
	负性情绪（道德辩护）	负性情绪量表

流程设计	度量指标	研究工具
职务舞弊决策情景	职务舞弊行为倾向（委婉标签）	一道题项
	负性情绪（委婉标签）	负性情绪量表
	职务舞弊行为倾向（有利比较）	一道题项
	负性情绪（有利比较）	负性情绪量表
问卷质量控制	—	两道题项
社会赞许效应控制	社会赞许性	社会赞许量表

二、模型设计

为检验前述研究假说，本章构建如下三个待检验模型：式（4-1）用于检验假设 H1，即认知重构维度下，认知合理化与职务舞弊行为倾向的关系；式（4-2）用于检验假设 H2，即认知重构维度下，认知合理化与负性情绪的关系；式（4-1）、式（4-2）、式（4-3）联合用于检验假设 H3，即负性情绪在认知合理化与职务舞弊行为倾向的中介作用。

$$Fraud_i = \alpha_0 + \alpha_1 Rat\_CR_i + \alpha_2 Desira_i + \sum \alpha Control_i + \varepsilon_i \qquad (4-1)$$

$$Neg_i = \beta_0 + \beta_1 Rat\_CR_i + \beta_2 Desira_i + \sum \beta Control_i + \varepsilon_i \qquad (4-2)$$

$$Fraud_i = \gamma_0 + \gamma_1 Rat\_CR_i + \gamma_2 Neg_i + \gamma_2 Desira_i + \sum \gamma Control_i + \varepsilon_i \qquad (4-3)$$

上述模型中，i 指代不同的研究被试者，Rat_CR 指代认知重构维度下的认知合理化，包括道德辩护合理化（MJ）、委婉标签合理化（EL）、有利比较合理化（AC），Neg 指代被试者的负性情绪，$Desira$ 指代被试者的社会赞许效应，$Control$ 指代控制变量。根据以往研究结论，本书选取性别、年龄、教育水平、工作年限、岗位职级、收入水平、宗教信仰等人口统计学变量，以及产权性质、行业类型等产业组织层变量作为控制变量（孔晨和陈艳，2015；陈艳等，2017；王汉瑛等，2018）。具体变量定义如表 4-2 所示。

表 4-2　变量定义

变量			符号	定义
被解释变量	职务舞弊行为倾向		*Fraud_MJ*	职务舞弊行为倾向均值（道德辩护情景）
			Fraud_EL	职务舞弊行为倾向均值（委婉标签情景）
			Fraud_AC	职务舞弊行为倾向均值（有利比较情景）
	负性情绪		*Neg_MJ*	负性情绪量表题项均值（道德辩护情景）
			Neg_EL	负性情绪量表题项均值（委婉标签情景）
			Neg_AC	负性情绪量表题项均值（有利比较情景）
解释变量	认知合理化（认知重构）	道德辩护	*MJ*	道德辩护因子题项均值
		委婉标签	*EL*	委婉标签因子题项均值
		有利比较	*AC*	有利比较因子题项均值
控制变量	性别		*Gender*	男性取 0，女性取 1
	年龄		*Age*	18 岁以下、18—25 岁、26—30 岁、31—40 岁、41—50 岁、51—60 岁、60 岁以上依次取值 1—7
	教育水平		*Educa*	高中及以下、专科、本科、研究生依次取值 1—4
	工作年限		*Work_s*	1 年以下、1 3 年、4—6 年、7—10 年、11—15 年、16—20 年、20 年以上依次取值 1—7
	岗位职级		*Rank*	普通员工、经理层、高层管理者依次取值 1—3
	收入水平		*Rev*	年收入 5 万元以下、5 万—7 万元、8 万—10 万元、11 万—15 万元、16 万—20 万元、21 万—30 万元、30 万元上依次取值 1—7
	宗教信仰		*Faith*	无宗教信仰取 0，有宗教信仰取 1
	产权性质		*Equity*	非国有企业取 0，国有企业取 1
	社会赞许性		*Desira*	社会赞许性量表的题项均值
	行业		*Industry*	根据国家统计局《2017 年国民经济行业分类》和数据结构设置 18 个哑变量

三、数据来源

本章研究的调查对象为企业实务人员，为控制同源方法偏差的影响，研究过程保证被试者的匿名性，同时数据收集过程采用线上、线下相结合的方式，从而对测量样本进行时间和空间上的分离。其中，线上样本主要通过问卷星系统进行网上发放，线下样本主要通过纸质问卷对高等院校在职 MBA、在职 Mpacc 人员进行测试。问卷全程采用无记名方式作答，研究共收回问卷 547 份，为保证样本质量，研究剔除网上填答用时过短（小于 90 秒）、问卷质量控制题项存在填答错误的样本，最终获得有效样本量共计 369 份。

四、信度与效度检验

为保证相关测度工具在本次研究中的信度和效度，本章对认知合理化、负性情绪的测度量表进行信度与效度检验。信度分析方面，本章采用克隆巴赫 α 系数来考察问卷数据的内部一致性；效度分析方面，本章采用 KMO 统计量来考察问卷数据是否具有较好的因子结构。

认知合理化变量的信效度检验结果如表 4-3 所示，道德辩护合理化（*MJ*）、委婉标签合理化（*EL*）、有利比较合理化（*AC*）的克隆巴赫 α 系数均大于 0.7，KMO 值均大于 0.65 且在 1% 的水平上显著，这说明检验结果的信效度水平是可以接受的。进一步，本章根据载荷系数来判别各测量项目的重要性程度，结果如表 4-4 所示，总体而言，各题项的因子载荷均大于 0.5，说明各项目对于其所测因子而言均是重要的。

表4-3　认知合理化信效度检验结果（认知重构维度）

统计项	*MJ*	*EL*	*AC*
克隆巴赫 α 系数	0.82	0.81	0.74
KMO 统计量	0.74***	0.70***	0.67***

注：***、**、* 分别代表在 1%、5%、10%的水平上显著，下同。

表4-4　认知合理化测量项目载荷系数（认知重构维度）

因子	测量项目	因子载荷
道德辩护	*MJ1*	0.80
	MJ2	0.84
	MJ3	0.86
	MJ4	0.75
委婉标签	*EL1*	0.81
	EL2	0.87
	EL3	0.89
有利比较	*AC1*	0.78
	AC2	0.81
	AC3	0.85

　　负性情绪变量的信效度检验结果如表4-5所示，该变量在道德辩护、委婉标签、有利比较情景中的克隆巴赫 α 系数均大于 0.9，KMO 值均大于 0.75 且在 1%的水平上显著，说明检验结果的信效度水平较高。进一步，本章根据载荷系数来判别负性情绪测量项目的重要性程度，结果如表4-6所示，总体而言，各题项的因子载荷均大于 0.5，说明各项目对于其所测因子而言均是重要的。

表4-5　负性情绪信效度检验结果

统计项	*Neg_MJ*	*Neg_EL*	*Neg_AC*
克隆巴赫 α 系数	0.96	0.97	0.98
KMO 统计量	0.78***	0.79***	0.78***

表4-6　负性情绪测量项目载荷系数

因子	测量项目	*Neg_MJ*	*Neg_EL*	*Neg_AC*
负性情绪	*Neg₁*	0.96	0.97	0.98
	Neg₂	0.96	0.98	0.98
	Neg₃	0.96	0.98	0.98

五、同源方法偏差控制

根据朱秀梅和王天东（2019）的研究，对同源方法偏差的控制主要包括程序控制和统计控制。在程序控制上，本章主要通过保证填答被试的匿名性，以及对测量样本进行时间与空间上的多层分离进行把握；在统计控制上，本书采用哈曼单因素检验法，公因子对变量的整体解释程度为70.075％，未经旋转的第一个因子解释力为21.170％，低于50％的判断标准，因此，研究不存在严重的同源方法偏差问题。

第三节　实证结果与分析

一、描述性统计

本章主要变量的描述性统计如表4-7所示。道德辩护（*MJ*）、委婉标签（*EL*）、有利比较（*AC*）合理化的均值分别为2.224、2.911、1.850，说明在本次样本测试中，被试者对委婉标签合理化的接受认可程度最高、道德辩护合理化次之、有利比较合理化最低。从舞弊决策角度来看，各信息情景下的舞弊行为倾向均值分别为3.778（*Fraud_MJ*）、2.220（*Fraud_EL*）、2.650（*Fraud_AC*），说明被试者在道德辩护情景下的职务舞弊行为倾向最高，有利比较次之，委婉标签最低。负性情绪在各信息情景下的均值分别为 4.934（*Neg_MJ*）、5.253（*Neg_EL*）、5.105（*Neg_AC*），中位数分别为 5.333、6.000、6.000，说明就样本结果而言，多数被试者在实施职务舞弊后会产生较高程度的负性情绪水平。

表 4-7 变量描述性统计

变量	观测值	均值	标准差	最小值	25 百分位	中位数	75 百分位	最大值
MJ	369	2.224	1.167	1.000	1.250	2.000	2.750	7.000
EL	369	2.911	1.531	1.000	1.333	3.000	4.000	7.000
AC	369	1.850	0.929	1.000	1.000	1.667	2.333	6.667
Fraud_MJ	369	3.778	1.761	1.000	2.000	4.000	5.000	7.000
Fraud_EL	369	2.220	1.546	1.000	1.000	2.000	3.000	7.000
Fraud_AC	369	2.650	1.691	1.000	1.000	2.000	4.000	7.000
Neg_MJ	369	4.934	1.843	1.000	3.667	5.333	6.667	7.000
Neg_EL	369	5.253	1.945	1.000	4.000	6.000	7.000	7.000
Neg_AC	369	5.105	1.998	1.000	4.000	6.000	7.000	7.000
Gender	369	0.577	0.495	0.000	0.000	1.000	1.000	1.000
Age	369	3.561	0.928	2.000	3.000	4.000	4.000	6.000
Educa	369	3.404	0.731	1.000	3.000	4.000	4.000	4.000
Work_s	369	3.645	1.714	1.000	2.000	4.000	5.000	7.000
Rank	369	1.238	0.475	1.000	1.000	1.000	1.000	3.000
Rev	369	3.374	1.529	1.000	2.000	3.000	4.000	7.000
Faith	369	0.060	0.237	0.000	0.000	0.000	0.000	1.000
Equity	369	0.569	0.496	0.000	0.000	1.000	1.000	1.000
Desira	369	0.539	0.199	0.000	0.400	0.500	0.600	1.000

为了更加形象地呈现出认知合理化（认知重构维度）对行为和情绪的影响，本章分别以均值和中位数作为分界点，按照认知合理化程度的

大小进行高低分组（均值以上样本组、均值以下样本组；中位数以上样本组、中位数以下样本组），并分别计算各组样本的职务舞弊行为倾向均值（*Fraud*）和负性情绪均值（*Neg*），如图 4-2、图 4-3、图 4-4 所示。

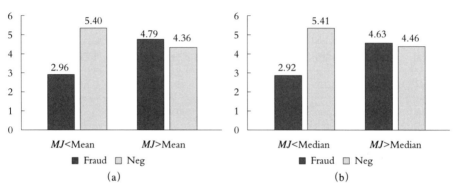

图 4-2　道德辩护合理化对行为和情绪的影响：来自图形的证据

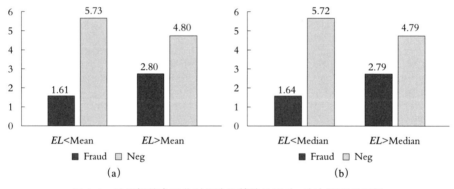

图 4-3　委婉标签合理化对行为和情绪的影响：来自图形的证据

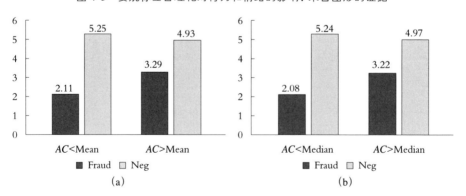

图 4-4　有利比较合理化对行为和情绪的影响：来自图形的证据

图 4-2 的结果描述了道德辩护合理化对行为和情绪的影响效应。以样本均值作为分界点，舞弊行为倾向和负性情绪在均值以下样本组（MJ<Mean）的平均值分别为 2.96 和 5.40，而在均值以上样本组（MJ>Mean）的平均值分别为 4.79 和 4.36。独立样本的 T 检验结果表明，两组样本在职务舞弊行为倾向（T=−11.553，P=0.000）和负性情绪（T=5.582，P=0.000）上均存在显著性差异。以样本中位数作为分界点，舞弊行为倾向和负性情绪在中位数以下样本组（MJ<Median）的平均值分别为 2.92 和 5.41，而在中位数以上样本组（MJ>Median）的平均值分别为 4.63 和 4.46。独立样本的 T 检验结果表明，两组样本在职务舞弊行为倾向（T=−10.687，P=0.000）和负性情绪（T=5.149，P=0.000）上均存在显著性差异。上述结果直观表明，行为人的道德辩护合理化程度越高，其实施职务舞弊行为的倾向性越大，且在舞弊决策时的负性情绪水平越低，这初步印证了本章的研究假设 H1a 和 H2a。

图 4-3 的结果描述了委婉标签合理化对行为和情绪的影响效应。同样，以样本均值作为分界点，舞弊行为倾向和负性情绪在均值以下样本组（EL<Mean）的平均值分别为 1.61 和 5.73，而在均值以上样本组（EL>Mean）的平均值分别为 2.80 和 4.80。独立样本的 T 检验结果表明，两组样本在职务舞弊行为倾向（T=−7.983，P=0.000）和负性情绪（T=4.727，P=0.000）上均存在显著性差异。以样本中位数作为分界点，舞弊行为倾向和负性情绪在中位数以下样本组（EL<Median）的平均值分别为 1.64 和 5.72，而在中位数以上样本组（EL>Median）的平均值分别为 2.79 和 4.79。独立样本的 T 检验结果表明，两组样本在职务舞弊行为倾向（T=−7.715，P=0.000）和负性情绪（T=4.705，P=0.000）上均存在显著性差异。上述结果直观表明，行为人的委婉标签合理化程度越高，其实施职务舞弊行为的倾向性越大，且在舞弊决策时的负性情绪水平越低，这初步印证了本章的研究假设 H1b 与 H2b。

图4-4的结果描述了有利比较合理化对行为和情绪的影响效应。以样本均值作为分界点，舞弊行为倾向和负性情绪在均值以下样本组（AC<Mean）的平均值分别为2.11和5.25，而在均值以上样本组（AC>Mean）的平均值分别为3.29和4.93。独立样本的T检验结果表明，两组样本仅在职务舞弊行为倾向（T=−7.093，P=0.000）上均存在显著性差异，而在负性情绪上（T=1.552，P=0.122）的组间差异并不显著。以样本中位数作为分界点，舞弊行为倾向和负性情绪在中位数以下样本组（AC<Median）的平均值分别为2.08和5.24，而在中位数以上样本组（AC>Median）的平均值分别为3.22和4.97。独立样本的T检验结果同样表明，两组样本仅在职务舞弊行为倾向（T=−6.836，P=0.000）上存在显著性差异，而在负性情绪上（T=1.272，P=0.204）的组间差异并不显著。上述结果直观说明，行为人的有利比较合理化程度越高，其实施职务舞弊行为的倾向性越大。虽然，在上述检验过程中，负性情绪变量的组间差异并未通过显著性检验，但从变量均值的变化方向来看，不论是均值分组还是中位数分组，其均表现出如下一致特征，即随着行为人有利比较合理化程度的提高，负性情绪的均值水平出现下降，这同样在一定程度上为本章的研究假设H1c和H2c提供了初步证据。

二、假设检验与分析

（一）认知重构维度下认知合理化对行为和情绪的影响

本章采用式（4-1）来检验认知重构维度下认知合理化对职务舞弊行为倾向的影响，其中，模型M1-1、模型M2-1、模型M3-1分别用于检验认知重构维度下，道德辩护合理化、委婉标签合理化、有利比较合理化对职务舞弊行为倾向的影响。模型变量的方差膨胀因子（VIF）均小于10，研究采用异方差稳健的标准误进行回归估计。

表 4-8 报告了模型 M1-1、模型 M2-1、模型 M3-1 的回归结果。在模型 M1-1 中，道德辩护合理化（*MJ*）与职务舞弊行为倾向在 1% 水平上显著为正，回归系数为 0.692，这表明行为人的道德辩护合理化程度越高，其实施职务舞弊行为的倾向性越大，与假设 H1a 的预期一致。进一步，在模型 M2-1 中，委婉标签合理化（*EL*）的回归系数为 0.466，且在 1% 的水平上显著，验证了假设 H1b；同样，在模型 M3-1 中，有利比较合理化（*AC*）也在 1% 的水平上显著为正，支持了假设 H1c。综合上述，可以看出，在认知重构维度下，行为人的认知合理化程度显著影响着个体的舞弊行为决策，不论是道德辩护合理化、委婉标签合理化还是有利比较合理化均与职务舞弊行为倾向显著正相关，这与本章的假设 H1 相契合。从控制变量来看，行为人的性别、年龄、教育水平、工作年限等因素均与职务舞弊行为倾向无关，这与谭艳艳和汤湘希（2012）、陈艳等（2017）的研究结论是一致的。

表 4-8　认知合理化与职务舞弊行为倾向（认知重构）

变量名称	M1-1	M2-1	M3 1
	Fraud_MJ	*Fraud_EL*	*Fraud_AC*
MJ	0.692***		
	（7.18）		
EL		0.466***	
		（8.64）	
AC			0.824***
			（8.55）
Gender	−0.134	−0.115	−0.210
	（−0.70）	（−0.78）	（−1.24）
Age	−0.171	−0.003	−0.201
	（−1.04）	（−0.02）	（−1.36）
Educa	0.097	−0.031	0.096
	（0.70）	（−0.25）	（0.58）

变量名称	M1-1	M2-1	M3-1
	Fraud_MJ	*Fraud_EL*	*Fraud_AC*
Work_s	0.026	−0.121	0.042
	（0.27）	（−1.34）	（0.48）
Rank	−0.124	0.380*	−0.417**
	（−0.57）	（1.94）	（−2.10）
Rev	0.132*	−0.111**	−0.063
	（1.95）	（−1.98）	（−1.04）
Faith	−0.629*	−0.193	0.063
	（−1.87）	（−0.70）	（0.14）
Equity	0.464**	0.030	0.192
	（2.47）	（0.19）	（1.19）
Desira	−0.023	0.114	0.774**
	（−0.05）	（0.28）	（2.00）
Industry	控制	控制	控制
_cons	1.900***	1.327**	1.462**
	（3.01）	（2.30）	（2.12）
N	369	369	369
R^2	0.312	0.338	0.378
Adj R^2	0.270	0.298	0.340

注：括号中为 t 统计量；*** 表示在 1% 水平上显著，** 表示在 5% 水平上显著，* 表示在 10% 水平上显著。如无特别说明，后表同。

本章采用式（4-2）来检验认知重构维度下认知合理化对情绪的影响，其中，模型 M1-2、M2-2、M3-2 分别用于检验认知重构维度下，道德辩护合理化、委婉标签合理化、有利比较合理化对负性情绪的影响。

表 4-9 报告了模型 M1-2、模型 M2-2、模型 M3-2 的回归结果。在模型 M1-2 中，道德辩护合理化（*MJ*）与负性情绪在 1% 水平上显著为负，回归系数为 −0.384，这表明行为人的道德辩护合理化程度越高，其在舞弊决策时所产生的负性情绪越低，与假设 H2a 的预期一致。进一步，

在模型 M2-2 中，委婉标签合理化（EL）的回归系数为 −0.385，且在 1% 的水平上显著，验证了假设 H2b；同样，在模型 M3-2 中，有利比较合理化（AC）也在 1% 的水平上显著为负，支持了假设 H2c。综合上述，可以看出，在认知重构维度下，行为人的认知合理化程度显著影响个体的舞弊情绪反应，不论是道德辩护合理化、委婉标签合理化还是有利比较合理化，均与行为人的负性情绪水平显著负相关，这与本章的假设 H2 相切合。

表 4-9　认知合理化与负性情绪（认知重构）

变量名称	M1-2	M2-2	M3-2
	Neg_MJ	Neg_EL	Neg_AC
MJ	−0.384***		
	（−4.58）		
EL		−0.385***	
		（−5.39）	
AC			−0.338***
			（−3.33）
Gender	0.583***	0.233	0.594**
	（2.70）	（1.05）	（2.51）
Age	0.290	0.111	−0.240
	（1.39）	（0.49）	（−1.09）
Educa	0.402**	0.386*	0.341
	（2.27）	（1.88）	（1.48）
Work_s	−0.088	0.003	−0.008
	（−0.71）	（0.02）	（−0.07）
Rank	−0.070	−0.621**	0.294
	（−0.27）	（−2.37）	（1.15）
Rev	−0.117	0.107	0.105
	（−1.50）	（1.29）	（1.25）
Faith	0.513	0.442	−0.433
	（1.17）	（0.92）	（−0.85）

变量名称	M1-2	M2-2	M3-2
	Neg_MJ	*Neg_EL*	*Neg_AC*
Equity	−0.338	−0.241	−0.181
	（−1.54）	（−1.17）	（−0.73）
Desira	−1.090**	0.015	−0.357
	（−2.24）	（0.03）	（−0.71）
Industry	控制	控制	控制
_cons	4.535***	4.996***	4.677***
	（5.85）	（6.09）	（5.56）
N	369	369	369
R^2	0.167	0.188	0.151
Adj R^2	0.116	0.139	0.099

（二）认知重构维度下认知合理化对职务舞弊行为影响的作用机理

为考察认知重构维度下，认知合理化是否通过负性情绪来影响个体的职务舞弊决策。本章采用温忠麟和叶宝娟（2014）的中介效应检验方法，通过联合式（4-1）、式（4-2）、式（4-3）来进行上述中介效应检验。表4-8、表4-9、表4-10联合报告了负性情绪对职务舞弊行为倾向影响的中介效应。

在道德辩护合理化层面，首先，以道德辩护合理化（*MJ*）作为解释变量，对被解释变量职务舞弊行为倾向（*Fraud_MJ*）进行回归，道德辩护合理化（*MJ*）的系数为0.692，且在1%的水平上显著（见表4-8模型M1-1），表明道德辩护合理化与职务舞弊行为倾向正相关；其次，以负性情绪（*Neg_MJ*）为被解释变量，对解释变量道德辩护合理化（*MJ*）做回归，道德辩护合理化（*MJ*）的系数为−0.384，且在1%的水平上显著（见表4-9模型M1-2），表明道德辩护合理化与负性情绪负相关；最后，以职务舞弊行为倾向（*Fraud_MJ*）为被解释变量，对解释变量道德辩护合理化（*MJ*）、中介变量负性情绪（*Neg_MJ*）做回归，道德辩护合理化（*MJ*）和负性情绪（*Neg_MJ*）的系数分别为 0.616 和 −0.197，且均在 1% 的水平上显著（见表 4-10 模型 M1-3），说明负性情绪在道德辩护合理化和职务舞弊行为倾向之间具有部分中介作用，与假设 H3a 的预期一致。

在委婉标签合理化层面，首先，以委婉标签合理化（*EL*）作为解释变量，对被解释变量职务舞弊行为倾向（*Fraud_EL*）进行回归，委婉标签合理化（*EL*）的系数为 0.466，且在 1% 的水平上显著（见表 4-8 模型 M2-1）；其次，以负性情绪（*Neg_EL*）为被解释变量，对解释变量委婉标签合理化（*EL*）做回归，委婉标签合理化（*EL*）的系数为 −0.385，且在 1% 的水平上显著（见表 4-9 模型 M2-2）；最后，以职务舞弊行为倾向（*Fraud_EL*）为被解释变量，对解释变量委婉标签合理化（*EL*）、中介变量负性情绪（*Neg_EL*）做回归，委婉标签合理化（*EL*）和负性情绪（*Neg_EL*）的系数分别为 0.335 和 −0.340，且均在 1% 的水平上显著（见表 4-10 模型 M2-3），说明负性情绪在委婉标签合理化和职务舞弊行为倾向之间具有部分中介作用，验证了假设 H3b。

沿袭上述方法，在有利比较合理化层面，首先，有利比较合理化（*AC*）与职务舞弊行为倾向（*Fraud_AC*）在 1% 的水平上显著为正，系数为 0.824（见表 4-8 模型 M3-1）；其次，有利比较合理化（*AC*）与负性情绪（*Fraud_AC*）在 1% 的水平上显著为负，系数为 −0.388（见表 4-9 模型 M3-2）；最后，以职务舞弊行为倾向（*Fraud_AC*）为被解释变量，对解释变量有利比较合理化（*AC*）、中介变量负性情绪（*Neg_AC*）做回归，有利比较合理化（*AC*）和负性情绪（*Neg_AC*）的系数分别为 0.759 和 −0.193，且均在 1% 的水平上显著（见表 4-10 模型 M3-3），说明负性情绪在有利比较合理化和职务舞弊行为倾向之间具有部分中介作用，支持了假设 H3c。

综合上述，可以看出，不论是道德辩护合理化、委婉标签合理化还是有利比较合理化，在认知重构维度下，认知合理化对职务舞弊行为倾向的影响作用均部分通过负性情绪发挥中介效应，这与本章的假设H3相吻合。

表4-10 负性情绪的中介效应分析（认知重构）

变量名称	M1-3	M2-3	M3-3
	Fraud_MJ	*Fraud_EL*	*Fraud_AC*
MJ	0.616***		
	（6.42）		
Neg_MJ	−0.197***		
	（−3.84）		
EL		0.335***	
		（6.82）	
Neg_EL		−0.340***	
		（−7.25）	
AC			0.759***
			（7.63）
Neg_AC			−0.193***
			（−4.42）
Gender	−0.020	−0.036	−0.095
	（−0.10）	（−0.26）	（−0.57）
Age	−0.114	0.035	−0.248*
	（−0.68）	（0.25）	（−1.74）
Educa	0.176	0.100	0.162
	（1.29）	（0.90）	（1.03）
Work_s	0.008	−0.120*	0.040
	（0.09）	（−1.65）	（0.47）
Rank	−0.138	0.169	−0.360*
	（−0.68）	（1.04）	（−1.93）
Rev	0.109	−0.075	−0.043
	（1.64）	（−1.45）	（−0.74）
Faith	−0.528	−0.043	−0.021
	（−1.64）	（−0.18）	（−0.05）

续表

变量名称	M1-3	M2-3	M3-3
	Fraud_MJ	*Fraud_EL*	*Fraud_AC*
Equity	0.397**	−0.052	0.156
	（2.09）	（−0.36）	（0.98）
Desira	−0.238	0.119	0.705*
	（−0.54）	（0.35）	（1.91）
Industry	控制	控制	控制
_cons	2.792***	3.029***	2.366***
	（4.51）	（5.39）	（3.51）
N	369	369	369
R^2	0.347	0.487	0.422
Adj R^2	0.306	0.454	0.385

进一步，本章采用 Sobel 法和 Bootstrap 法对中介效应进行更为严格的检验，即直接检验系数 β_1 和 γ_2 乘积显著性（H0：$\beta_1\gamma_2=0$）。表 4-11、表 4-12 分别报告了 Sobel 法和 Bootstrap 法的中介效应检验结果，结果表明，在两种检验方法下，三组模型的 $\beta_1\gamma_2$ 乘积系数均在 5% 水平上显著拒绝原假设（H0：$\beta_1\gamma_2=0$），即表明变量间的中介效应显著存在。综合上述结论可以认定，不论是道德辩护合理化（*MJ*）、委婉标签合理化（*EL*）还是有利比较合理化（*AC*），负性情绪在认知合理化与职务舞弊行为倾向之间均具有中介作用，假设 H3 得以验证。

表 4-11　Sobel 中介效应检验

检验项	Coef.	Std. Err.	Z	P＞|Z|
MJ	0.076	0.024	3.158	0.002
EL	0.153	0.028	5.447	0.000
AC	0.073	0.026	2.798	0.005

表 4-12　Bootstrap 中介效应检验

检验项	Coef.	Boot. SE	Z	P>|Z|	Replications
MJ	0.076	0.029	2.65	0.008	
EL	0.153	0.037	4.16	0.000	1000
AC	0.073	0.029	2.52	0.012	

三、敏感性差异研究

基于前述模型的回归结果，本部分采用似无相关模型（SUR）考察在认知重构维度下，不同认知合理化对职务舞弊行为影响的敏感性差异。基于 SUR 模型的检验存在如下三点优势：第一，SUR 检验允许两组中的所有变量系数都存有差异；第二，SUR 检验允许两组模型的干扰项分布不同，且彼此相关；第三，SUR 检验允许两组模型的被解释变量不同（连玉君和廖俊平，2017）。

由于本章涉及三种认知合理化影响的组间系数比较，因此采用两两分组比较的检验策略，检验结果如表 4-13 所示。结果表明，道德辩护合理化（*MJ*）与有利比较合理化（*AC*）的组间系数差异并不显著，但两者的影响程度均显著大于委婉标签合理化（*EL*）。综合上述，可以发现，在认知重构维度下，虽然道德辩护合理化、委婉标签合理化以及有利比较合理化均能对职务舞弊行为倾向产生正向影响，但其影响效应存在敏感性差异，对比之下，道德辩护合理化与有利比较合理化的影响相对更高，而委婉标签合理化的影响则相对较低。

表 4-13　基于 SUR 模型的组间系数差异检验

检验组	检验项	N	回归系数			Chi^2	组间差异显著性	结论
			Coef.	T 值	Sig.			
组1	*MJ*	369	0.692	7.40	***	4.53	0.033	*MJ>EL*

检验组	检验项	N	回归系数			Chi^2	组间差异 显著性	结论
			Coef.	*T 值*	*Sig.*			
组 1	*EL*	369	0.466	8.90	***	4.53	0.033	*MJ>EL*
组 2	*MJ*	369	0.692	7.40	***	1.76	0.185	无显著差异
	AC	369	0.824	8.81	***			
组 3	*EL*	369	0.466	8.90	***	10.99	0.001	*AC>EL*
	AC	369	0.824	8.81	***			

注：***、**、* 分别代表在1%、5%、10%的水平上显著，下同。

四、稳健性测试

为了增强研究结论的可靠性，本书进行了如下稳健性测试。

第一，运用因子分析法，合成认知合理化和负性情绪的度量指标。重新定义相应的变量符号如下：道德辩护合理化（MJ_f）、委婉标签合理化（EL_f）、有利比较合理化（AC_f），负性情绪的相应变量符号设置为 Neg_MJ_f、Neg_EL_f、$Neg\,AC_f$。公因子提取采用主成分分析法，基于特征值大于 1，变量 MJ_f、EL_f、AC_f、Neg_MJ_f、Neg_EL_f、Neg_AC_f 均提取出一个公因子。根据因子载荷矩阵，用 M_n、E_n、A_n、NM_n、NE_n、NA_n 代表相应因子的第 n 个题项，因子合成表达式如下：

$$MJ_f = 0.303M_1 + 0.319M_2 + 0.326M_3 + 0.283M_4 \qquad (4-4)$$

$$EL_f = 0.368E_1 + 0.396E_2 + 0.401E_3 \qquad (4-5)$$

$$AC_f = 0.391A_1 + 0.406A_2 + 0.428A_3 \qquad (4-6)$$

$$Neg\_MJ_f = 0.347NM_1 + 0.347NM_2 + 0.349NM_3 \qquad (4-7)$$

$$Neg\_EL_f = 0.341NE_1 + 0.341NE_2 + 0.342NE_3 \qquad (4-8)$$

$$Neg\_AC_f = 0.339NA_1 + 0.337NA_2 + 0.339NA_3 \qquad (4-9)$$

表 4-14 列示了认知合理化对行为和情绪影响的稳健性测试结果，可以看出，认知重构维度下的三个认知合理化机制均与职务舞弊行为倾向正

相关、与负性情绪负相关。表 4-15 列示了负性情绪对职务舞弊行为影响的中介效应，回归结果没有发生实质性变化，研究结论与前文一致。

表 4-14 稳健性检验 1：认知合理化对行为和情绪影响（认知重构）

变量名称	M1-1	M2-1	M3-1	M1-2	M2-2	M3-2
	Fraud_MJ	Fraud_EL	Fraud_AC	Neg_MJf	Neg_ELf	Neg_ACf
MJ_f	0.795***			−0.243***		
	（6.90）			（−4.56）		
EL_f		0.715***			−0.304***	
		（8.67）			（−5.43）	
AC_f			0.742***			−0.157***
			（8.09）			（−3.42）
Gender	−0.125	−0.116	−0.219	0.313***	0.120	0.299**
	（−0.65）	（−0.78）	（−1.28）	（2.67）	（1.05）	（2.52）
Age	−0.162	−0.012	−0.225	0.155	0.061	−0.116
	（−0.98）	（−0.07）	（−1.50）	（1.37）	（0.53）	（−1.05）
Educa	0.105	−0.027	0.106	0.217**	0.197*	0.171
	（0.76）	（−0.21）	（0.64）	（2.26）	（1.87）	（1.48）
Work_s	0.021	−0.115	0.056	−0.046	−0.001	−0.006
	（0.22）	（−1.28）	（0.63）	（−0.69）	（−0.02）	（−0.10）
Rank	−0.120	0.376*	−0.416**	−0.038	−0.318**	0.147
	（−0.55）	（1.93）	（−2.10）	（−0.26）	（−2.36）	（1.16）
Rev	0.130*	−0.111**	−0.055	−0.063	0.055	0.051
	（1.91）	（−1.97）	（−0.89）	（−1.50）	（1.28）	（1.21）
Faith	−0.607*	−0.212	0.073	0.273	0.237	−0.220
	（−1.80）	（−0.76）	（0.16）	（1.15）	（0.96）	（−0.86）
Equity	0.457**	0.033	0.200	−0.180	−0.125	−0.092
	（2.42）	（0.20）	（1.23）	（−1.51）	（−1.18）	（−0.74）
Desira	−0.020	0.116	0.744*	−0.588**	0.006	−0.172
	（−0.04）	（0.29）	（1.90）	（−2.23）	（0.02）	（−0.68）

续表

变量名称	M1-1 Fraud_MJ	M2-1 Fraud_EL	M3-1 Fraud_AC	M1-2 Neg_MJf	M2-2 Neg_ELf	M3-2 Neg_ACf
Industry	控制	控制	控制	控制	控制	控制
_cons	3.392***	2.681***	2.972***	−0.675	−0.707	−0.530
	（5.27）	（4.37）	（4.26）	（−1.58）	（−1.58）	（−1.24）
N	369	369	369	369	369	369
R^2	0.307	0.339	0.367	0.167	0.189	0.151
Adj R^2	0.265	0.299	0.329	0.116	0.140	0.099

表 4-15　稳健性检验 1：负性情绪的中介效应（认知重构）

变量名称	M1-3 Fraud_MJ	M2-3 Fraud_EL	M3-3 Fraud_AC
MJ_f	0.707***		
	（6.15）		
Neg_MJ_f	−0.365***		
	（−3.82）		
EL_f		0.514***	
		（6.83）	
Neg_EL_f		−0.661***	
		（−7.24）	
AC_f			0.681***
			（7.21）
Neg_AC_f			−0.390***
			（−4.42）
Gender	−0.011	−0.037	−0.103
	（−0.06）	（−0.27）	（−0.61）
Age	−0.105	0.029	−0.270*
	（−0.63）	（0.21）	（−1.88）
Educa	0.184	0.104	0.173
	（1.34）	（0.94）	（1.10）

变量名称	M1-3	M2-3	M3-3
	Fraud_MJ	*Fraud_EL*	*Fraud_AC*
Work_s	0.004	−0.116	0.053
	（0.04）	（−1.59）	（0.62）
Rank	−0.134	0.166	−0.358*
	（−0.66）	（1.03）	（−1.92）
Rev	0.107	−0.075	−0.036
	（1.60）	（−1.44）	（−0.60）
Faith	−0.508	−0.056	−0.013
	（−1.57）	（−0.24）	（−0.03）
Equity	0.391**	−0.050	0.164
	（2.05）	（−0.34）	（1.01）
Desira	−0.235	0.121	0.677*
	（−0.54）	（0.35）	（1.82）
Industry	控制	控制	控制
_cons	3.146***	2.213***	2.765***
	（4.95）	（4.25）	（4.32）
N	369	369	369
R^2	0.343	0.487	0.412
Adj R^2	0.301	0.454	0.375

第二，不再将社会赞许性作为回归模型的控制变量，而是将社会赞许性较高的样本（选择"从未有过"题项过半数）直接予以剔除，共剔除样本 113 个，剩余样本为 256 个。当样本容量整体较少时，采用 Bootstrap 自抽样方法将使得回归结果更加稳健，因此，本章对剩余样本进行自抽样 1000 次后纳入回归方程。回归结果如表 4-16、表 4-17 所示，估计结果没有发生实质性变化，研究结论与前文一致。

表 4-16　稳健性检验 2：认知合理化对行为和情绪影响（认知重构）

变量名称	M1-1	M2-1	M3-1	M1-2	M2-2	M3-2
	Fraud_MJ	*Fraud_EL*	*Fraud_AC*	*Neg_MJ*	*Neg_EL*	*Neg_AC*
MJ	0.661***			−0.323***		
	（5.55）			（−3.06）		
EL		0.506***			−0.290***	
		（8.01）			（−2.89）	
AC			0.715***			−0.245*
			（6.03）			（−1.95）
Gender	−0.320	−0.292	−0.014	0.847***	0.550**	0.885***
	（−1.46）	（−1.64）	（−0.06）	（3.05）	（2.00）	（3.04）
Age	−0.319	0.192	−0.130	0.486*	0.069	0.022
	（−1.53）	（0.92）	（−0.73）	（1.83）	（0.24）	（0.09）
Educa	−0.080	−0.061	0.107	0.443*	0.222	−0.156
	（−0.43）	（−0.36）	（0.49）	（1.90）	（0.86）	（−0.63）
Work_s	0.010	−0.204*	−0.027	−0.244	−0.007	−0.204
	（0.08）	（−1.65）	（−0.27）	（−1.59）	（−0.04）	（−1.39）
Rank	0.105	0.457**	−0.473**	−0.089	−0.712**	0.299
	（0.40）	（1.97）	（−2.14）	（−0.30）	（−2.14）	（0.96）
Rev	0.142*	−0.140**	−0.038	−0.023	0.126	0.223**
	（1.66）	（−2.04）	（−0.46）	（−0.23）	（1.16）	（2.24）
Faith	−1.085***	−0.149	−0.348	1.069	0.512	0.014
	（−2.64）	（−0.43）	（−0.55）	（1.45）	（0.74）	（0.02）
Equity	0.734***	−0.070	0.350*	−0.322	0.027	0.029
	（3.17）	（−0.36）	（1.89）	（−1.14）	（0.10）	（0.09）
Industry	控制	控制	控制	控制	控制	控制
_cons	2.758***	1.159**	1.892**	2.943***	5.158***	4.969***
	（4.06）	（2.00）	（2.36）	（3.42）	（5.50）	（6.15）
Replications	1000	1000	1000	1000	1000	1000
R^2	0.349	0.377	0.328	0.192	0.152	0.159
Adj R^2	0.293	0.324	0.270	0.123	0.080	0.088

表 4-17　稳健性检验 2：负性情绪的中介效应（认知重构）

变量名称	M1-3	M2-3	M3-3
	Fraud_MJ	*Fraud_EL*	*Fraud_AC*
MJ	0.616***		
	（5.31）		
Neg_MJ	−0.138**		
	（−2.26）		
EL		0.417***	
		（7.23）	
Neg_EL		−0.310***	
		（−5.74）	
AC			0.677***
			（5.57）
Neg_AC			−0.158***
			（−2.97）
Gender	−0.203	−0.122	0.126
	（−0.88）	（−0.69）	（0.56）
Age	−0.252	0.213	−0.126
	（−1.15）	（1.22）	（−0.72）
Educa	−0.018	0.008	0.083
	（−0.09）	（0.05）	（0.40）
Work_s	−0.024	−0.206**	−0.059
	（−0.18）	（−2.16）	（−0.58）
Rank	0.093	0.237	−0.426*
	（0.37）	（1.20）	（−1.94）
Rev	0.139	−0.101	−0.003
	（1.61）	（−1.47）	（−0.04）
Faith	−0.937**	0.010	−0.346
	（−2.36）	（0.03）	（−0.62）
Equity	0.690***	−0.061	0.355*
	（3.04）	（−0.32）	（1.77）

续表

变量名称	M1-3	M2-3	M3-3
	Fraud_MJ	*Fraud_EL*	*Fraud_AC*
Industry	控制	控制	控制
_cons	3.165***	2.756***	2.678***
	（4.54）	（4.54）	（3.10）
Replications	1000	1000	1000
R^2	0.367	0.511	0.358
Adj R^2	0.310	0.468	0.300

第三，采用 Ordered Probit 模型进行重新估计。根据陈强（2014）的研究，本书的被解释变量属于排序型离散数据，使用普通的 OLS 估计可能会导致估计偏差，因此，本书更换更适合此类数据的 Ordered Probit 模型来进行重新估计，实证结果如表 4-18、表 4-19 所示，总体而言，估计结果没有发生实质性改变，研究结论与前文一致，这表明本章的研究结论整体是较为稳健的。

表 4-18 稳健性检验 3：认知合理化对行为和情绪影响（认知重构）

变量名称	M1-1	M2-1	M3-1	M1-2	M2-2	M3-2
	Fraud_MJ	*Fraud_EL*	*Fraud_AC*	*Neg_MJ*	*Neg_EL*	*Neg_AC*
MJ	0.497***			-0.250***		
	（8.946）			（-4.790）		
EL		0.402***			-0.233***	
		（8.750）			（-5.562）	
AC			0.600***			-0.288***
			（8.700）			（-4.362）
Gender	-0.154	-0.096	-0.223	0.265**	0.149	0.250*
	（-1.177）	（-0.669）	（-1.616）	（2.047）	（1.113）	（1.850）
Age	-0.151	-0.120	-0.217*	0.073	0.055	-0.244*
	（-1.214）	（-0.887）	（-1.683）	（0.591）	（0.433）	（-1.916）

变量名称	M1-1	M2-1	M3-1	M1-2	M2-2	M3-2
	Fraud_MJ	*Fraud_EL*	*Fraud_AC*	*Neg_MJ*	*Neg_EL*	*Neg_AC*
Educa	0.160	0.039	0.105	0.198*	0.154	0.133
	（1.412）	（0.299）	（0.864）	（1.776）	（1.304）	（1.132）
Work_s	0.048	−0.061	0.047	0.003	−0.017	0.051
	（0.687）	（−0.784）	（0.640）	（0.040）	（−0.236）	（0.693）
Rank	−0.076	0.120	−0.243	−0.026	−0.297*	0.121
	（−0.489）	（0.719）	（−1.516）	（−0.169）	（−1.871）	（0.773）
Rev	0.122**	−0.035	−0.066	−0.063	0.076	0.057
	（2.372）	（−0.628）	（−1.238）	（−1.242）	（1.456）	（1.086）
Faith	−0.529**	−0.528	−0.027	0.325	0.326	−0.285
	（−2.005）	（−1.629）	（−0.097）	（1.261）	（1.219）	（−1.063）
Equity	0.249*	0.024	0.191	−0.221	−0.213	−0.216
	（1.706）	（0.151）	（1.250）	（−1.529）	（−1.402）	（−1.435）
Desira	0.174	0.414	0.871***	−0.685**	0.002	−0.298
	（0.579）	（1.311）	（2.872）	（−2.334）	（0.007）	（−0.998）
Industry	控制	控制	控制	控制	控制	控制
N	369	369	369	369	369	369
LR Chi^2	158.10	160.07	173.98	85.32	82.16	89.87
Pseudo R^2	0.117	0.146	0.141	0.046	0.048	0.056

表 4-19 稳健性检验 3：负性情绪的中介效应（认知重构）

变量名称	M1-3	M2-3	M3-3
	Fraud_MJ	*Fraud_EL*	*Fraud_AC*
MJ	0.447***		
	（7.907）		
Neg_MJ	−0.178***		
	（−5.289）		
EL		0.322***	
		（6.797）	

续表

变量名称	M1–3 *Fraud_MJ*	M2–3 *Fraud_EL*	M3–3 *Fraud_AC*
Neg_EL		−0.346***	
		（−9.428）	
AC			0.564***
			（8.103）
Neg_AC			−0.163***
			（−4.903）
Gender	−0.070	−0.042	−0.147
	（−0.532）	（−0.289）	（−1.058）
Age	−0.118	−0.096	−0.283**
	（−0.937）	（−0.692）	（−2.179）
Educa	0.230**	0.170	0.132
	（2.001）	（1.251）	（1.089）
Work_s	0.041	−0.071	0.060
	（0.575）	（−0.875）	（0.808）
Rank	−0.088	−0.055	−0.208
	（−0.558）	（−0.320）	（−1.289）
Rev	0.109**	−0.005	−0.048
	（2.113）	（−0.084）	（−0.891）
Faith	−0.455*	−0.354	−0.104
	（−1.705）	（−1.072）	（−0.367）
Equity	0.193	−0.113	0.147
	（1.316）	（−0.687）	（0.959）
Desira	−0.008	0.539*	0.831***
	（−0.027）	（1.664）	（2.729）
Industry	控制	控制	控制
N	369	369	369
LR Chi^2	186.28	249.78	197.85
Pseudo R^2	0.138	0.227	0.161

第四节　认知重构维度下职务舞弊认知合理化的诱发因素探究

布朗（Brown，2014）指出，个体认知合理化的产生并非是凭空捏造的，而是依赖于相应的信息供给，即可供个体接收、处理并转而生成认知合理化的相关信息。基于此，在认知重构维度下，本章基于道德辩护、委婉标签、有利比较合理化三者的内在逻辑，从理论层面选取组织认同、道德认同、监管处罚公告作为配对信息情景，采用调查或实验研究方法，实证考察了认知重构维度下职务舞弊认知合理化的诱发因素。

一、组织认同、道德辩护与职务舞弊行为：调查研究证据

本部分将沿"组织认同→道德辩护→职务舞弊行为"的研究路径，运用调查研究法，检验行为人的组织认同程度是否会成为其道德辩护合理化的诱发因素，如果是，又是否会进一步影响个体的职务舞弊行为决策。

（一）理论分析与假设

社会认同理论认为，出于自我形象提升的需要，个体会采用社会认同的方式将自我融入某一群体，进而展开群际互动。社会认同的形成包括自我类化、群体认同和群组比较三个子程序。通过自我类化，个体会将自我归入某一特定群体，从而实现从"我"到"我们"的身份转化；进一步，通过群体认同，行为人会将自我特征与群体特征进行匹配，从而产生对群体知识、情感以及价值观的拥护和支持；最后，通过群组比较，扩大自己所在群体的优势和地位，从而实现对自我积极形象的维护和提升（王汉瑛等，2018；王哲和张爱卿，2019）。

　　阿什福思和迈尔（Ashforth，Mael，1989）首次基于社会认同理论对实践情境中的组织认同现象加以解释，认为组织认同实际上是社会认同的一种表现形式，只不过是以组织特征作为标准进行社会归类。高组织认同的个体普遍认为组织特征与自我特征相吻合，因而愿意让外界用组织特征来定义自身特征。从情感认知角度来说，行为人的组织认同程度越高，其内在归属感越强，容易促使其形成高度的情感依赖和组织忠诚；从行为决策角度来说，行为人的组织认同程度越高，其越倾向于将组织的成败与自我紧密相连，从而使得组织利益这一决策权重不断增加。前文已述，道德辩护合理化通过将职务舞弊行为的实施初衷解读为为了实现更高的社会道义，从而将职务舞弊"包装"成为一件吻合道德色彩的行为。由此而言，行为人的组织认同程度越高，其越倾向于将"能够维护组织利益的职务舞弊行为"解读为是一种组织忠诚与利他行为，因此，其对道德辩护合理化的接受认可程度会更高。

　　已有经验证据表明，组织认同对一系列工作场景下的亲组织行为都具有积极的预测作用，既包括正面的工作结果变量，如员工创造性行为〔卡尔梅利等（Carmeli, et al., 2007）〕、工作满意度〔利等（Lee, et al., 2015）〕、离职意向（张淑华和刘兆延，2016）等，也包括负面的亲组织非伦理行为（李根强，2016；王汉瑛等，2018）。而作为亲组织非伦理行为的一种表现形式，可以合理预期的是，组织认同程度越高的个体，组织忠诚将会被内化为一种更高的道义履行，其为了维护组织利益而实施职务舞弊行为的倾向性也会越大。因此，道德辩护合理化将在这组变量关系中发挥重要的中介作用。

　　基于上述分析，本章进一步提出如下假设：

　　H4a：组织认同对行为人的道德辩护合理化具有正向影响。

　　H4b：当舞弊行为的实施有助于维护组织利益时，组织认同对行为人道德辩护合理化的影响会进一步诱使其职务舞弊倾向增强。

（二）变量设计及说明

1. 被解释变量

假设 H4a 的被解释变量为道德辩护合理化。与前文一致，分别使用量表题项的算术平均值和因子合成值作为道德辩护合理化的代理变量，变量符号分别为 *MJ* 和 *MJ$_f$*。

假设 H4b 的被解释变量为职务舞弊行为。与前文一致，采用被试者在道德辩护情景下的职务舞弊倾向作为度量指标，变量符号为 *Fraud_MJ*。

2. 解释变量

假设 H4a、假设 H4b 的解释变量均为组织认同。本章采用迈尔和阿什福思（Mael, Ashforth, 1992）开发的组织认同量表，共五道题项，如"我与我们公司之间命运相连""我对我们公司存在强烈归属感"等，采用李克特七点评定计分。在本次样本测试中，组织认同量表的克隆巴赫 α 系数为 0.92，表明具有较高的内部一致性；KMO 值为 0.89 且在 1% 的水平上显著，说明适合进行因子分析。因子分析结果表明，组织认同测量项目的因子载荷均大于 0.5，说明各项目对于所测因子而言均是重要的，如表4-20 所示。

表 4-20　组织认同测量的因子载荷及其信效度

因子	测量项目	因子载荷	克隆巴赫 α 系数	KMO 统计量
组织认同	O_1	0.87	0.92	0.89***
	O_2	0.88		
	O_3	0.88		
	O_4	0.88		
	O_5	0.85		

组织认同的测量采用如下两种方法：方法一，取测量题项的算术平

均值作为组织认同的代理变量，变量符号为 OI。方法二，取测量题项的因子合成值作为组织认同的代理变量，变量符号为 OI_f，具体程序为：基于特征值大于1，采用主成分分析法进行公因子提取，共提取出一个公因子，累计贡献率75.722%。根据因子载荷矩阵，OI_f 代表组织认同的因子合成值，On 代表第 n 个测量题项，因子合成表达式如下：

$$OI_f = 0.229O_1 + 0.233O_2 + 0.232O_3 + 0.231O_4 + 0.224O_5 \tag{4-10}$$

3. 中介变量

假设 H4b 的中介变量为道德辩护合理化。与前文一致，分别使用量表题项的算术平均值和因子合成值作为道德辩护合理化的替代变量。

4. 控制变量

控制变量的选取与前文一致。

（三）研究模型

为检验前述研究假设，本研究建立了如下中介效应模型：式（4-11）用于检验假设 H4a；式（4-11）、式（4-12）、式（4-13）联合用于检验假设 H4b。

$$MJ_i = \beta_0 + \beta_1 OI_i + \beta_2 Desira_i + \sum \beta Control_i + \varepsilon_i \tag{4-11}$$

$$Fraud\_MJ_i = \alpha_0 + \alpha_1 OI_i + \alpha_2 Desira_i + \sum \alpha Control_i + \varepsilon_i \tag{4-12}$$

$$Fraud\_MJ_i = \gamma_0 + \gamma_1 OI_i + \gamma_2 MJ_i + \gamma_3 Desira_i + \sum \gamma Control_i + \varepsilon_i \tag{4-13}$$

（四）实证结果与分析

表 4-21 报告了道德辩护合理化中介效应的回归结果（解释变量为 OI），首先，以组织认同（OI）作为解释变量，对被解释变量道德辩护合理化（MJ）进行回归，组织认同（OI）的估计系数为0.395，且在1%的水平上显著，表明组织认同对行为人的道德辩护合理化具有正向影响，假设 H4a 得到检验；然后，以职务舞弊行为倾向（$Fraud\_MJ$）为被解释变

量，对解释变量组织认同（*OI*）做回归，组织认同（*OI*）的系数为 0.408，且在 1% 的水平上显著，表明组织认同对职务舞弊倾向具有正向影响；最后，以职务舞弊倾向（*Fraud_MJ*）为被解释变量，对解释变量组织认同（*OI*）、中介变量道德辩护合理化（*MJ*）做回归，组织认同（*OI*）和道德辩护合理化（*MJ*）的系数分别为 0.197 和 0.535，且均在 1% 的水平上显著，说明道德辩护合理化在组织认同与职务舞弊行为之间具有部分中介作用，与假设 H4b 的预期一致。

进一步，本研究将关键变量的测量替换成因子合成值，重新回归如表 4-22 所示，结果显示，研究结论未发生改变。

表 4-21　道德辩护合理化中介效应回归分析表 I（算术平均值）

变量名称	M4-1	M4-2	M4-3
	MJ	*Fraud_MJ*	*Fraud_MJ*
OI	0.395***	0.408***	0.197***
	（10.22）	（7.37）	（2.69）
MJ			0.535***
			（4.42）
Gender	−0.138	−0.193	−0.119
	（−1.18）	（−1.04）	（−0.64）
Age	0.180**	−0.031	−0.128
	（2.03）	（−0.19）	（−0.79）
Educa	0.308***	0.294**	0.129
	（3.72）	（2.02）	（0.95）
Work_s	−0.027	0.003	0.018
	（−0.56）	（0.04）	（0.20）
Rank	0.173	−0.066	−0.159
	（1.36）	（−0.31）	（−0.75）

续表

变量名称	M4-1	M4-2	M4-3
	MJ	*Fraud_MJ*	*Fraud_MJ*
Rev	−0.111***	0.061	0.120*
	（−2.84）	（0.86）	（1.80）
Faith	0.561**	−0.223	−0.523
	（2.41）	（−0.71）	（−1.62）
Equity	0.072	0.482**	0.444**
	（0.68）	（2.30）	（2.35）
Desira	0.533**	0.233	−0.052
	（2.32）	（0.52）	（−0.12）
Industry	控制	控制	控制
_cons	−0.870**	0.967	1.433**
	（−2.26）	（1.42）	（2.19）
N	369	369	369
R^2	0.439	0.261	0.331
Adj R²	0.405	0.216	0.289

表4-22　道德辩护合理化中介效应回归分析表 II（因子合成值）

变量名称	M4-1	M4-2	M4-3
	MJ_f	*Fraud_MJ*	*Fraud_MJ*
OI_f	0.526***	0.635***	0.315***
	（10.20）	（7.35）	（2.72）
MJ_f			0.609***
			（4.21）
Gender	−0.133	−0.193	−0.112
	（−1.31）	（−1.04）	（−0.60）
Age	0.144*	−0.032	−0.119
	（1.92）	（−0.19）	（−0.74）

续表

变量名称	M4-1	M4-2	M4-3
	MJ_f	$Fraud\_MJ$	$Fraud\_MJ$
Educa	0.259***	0.295**	0.137
	（3.68）	（2.03）	（1.01）
Work_s	−0.017	0.004	0.014
	（−0.41）	（0.04）	（0.15）
Rank	0.147	−0.066	−0.156
	（1.34）	（−0.31）	（−0.73）
Rev	−0.094***	0.061	0.118*
	（−2.80）	（0.86）	（1.77）
Faith	0.461**	−0.220	−0.501
	（2.34）	（−0.70）	（−1.55）
Equity	0.073	0.482**	0.438**
	（0.80）	（2.30）	（2.31）
Desira	0.467**	0.237	−0.047
	（2.37）	（0.52）	（−0.11）
Industry	控制	控制	控制
_cons	−1.477***	2.347***	3.247***
	（−4.60）	（3.50）	（4.93）
N	369	369	369
R^2	0.438	0.260	0.327
Adj R^2	0.404	0.215	0.285

二、道德认同、委婉标签与职务舞弊行为：调查研究证据

本部分沿着"道德认同→委婉标签→职务舞弊行为"的研究路径，运用调查研究法，检验行为人的道德认同程度是否会成为其委婉标签合理化的诱发因素，以及其对个体职务舞弊行为的作用机理。

（一）理论分析与假设

阿基诺和里德（Aquino，Reed，2002）提出道德认同的概念，用于解释行为个体依据道德特征来进行自我定义的程度。从道德心理学来说，个体道德认同的形成是一个社会学习的动态过程。首先，通过观察和模仿，行为人会根据外在环境的预期对一系列道德特征形成认知；其次，行为个体会依据这一系列道德特征来展开自我联想，并通过自我建构过程形成一套包含道德特征的自我图式（占小军等，2019）；最后，在认知一致性动机的驱使下，为了保持认知协调，通过自我建构过程形成的道德图式将进一步决定行为人"如何思""如何做"。正因如此，阿基诺和里德（Aquino，Reed，2002）将道德认同区分为内在化和表征化两个维度。道德认同的内在化即"如何思"，指道德特征内化于心的程度；道德认同的表征化即"如何做"，指道德特征外化于行的程度。由此而来，行为人的道德认同程度越低，预示着个体对道德特征的重视程度、接受程度及认可程度越低，进而表现出较低的道德自律能力。

前文述及，委婉标签合理化是通过运用语义学中概念混淆的方法，采用精心编制的华丽辞藻将职务舞弊解读成为一件具有正面、积极色彩的道德行为。因此，具有低道德认同的行为人，会因较弱的道德认知能力而更加容易认同经华丽辞藻粉饰的认知合理化。相反，具有高道德认同的行为人会时刻秉持着根植于内心的道德特征，难以仅因为语言技术的粉饰而改变对职务舞弊行为的道德认知。另外，道德认同的表征化会使得个体将道德特征外化于行，从而对一系列工作场景下的行为变量产生影响，如任务绩效（王端旭和郑显伟，2014）、伦理问题报告（章发旺和廖建桥，2017）、职场不文明行为（占小军等，2019）等。具体到职务舞弊情景下，行为人的道德认同越低，其道德自律能力越弱，实施职务舞弊行为的倾向性则越高。在此基础上，当引入委婉标签合理化这一研究变量后，本章预期"道德认同、委婉标签合理化以及职务舞弊行为倾向"之间的逻辑关系如下：在舞弊决策情景下，行为人的道德认同程度越低，其对委婉标签合理化的接受认可程度越高，因而表现为越低的道德自律能力以及越高的职务舞弊行为倾向。

基于上述分析，本章进一步提出如下假设：

H5a：行为人的道德认同越低，其委婉标签合理化程度越高。

H5b：低道德认同对行为人委婉标签合理化的影响会进一步诱使其职务舞弊倾向增强。

（二）变量设计及说明

1. 被解释变量

假设 H5a 的被解释变量为委婉标签合理化。与前文一致，分别使用量表题项的算术平均值和因子合成值作为委婉标签合理化的代理变量，变量符号分别为 EL 和 EL_f。

假设 H5b 的被解释变量为职务舞弊行为。与前文一致，采用被试者在委婉标签情景下的职务舞弊倾向作为测量指标，变量符号为 $Fraud\_EL$。

2. 解释变量

假设 H5a、H5b 的解释变量均为道德认同。本章采用阿基诺和里德（Aquino，Reed，2002）开发的道德认同量表。该量表通过向被试者描述九个道德特征，即诚信、守法、公平、正义、孝顺、真诚、感恩、尊重他人、有责任心，然后让被试者回答与上述道德特征相关的十个题项，如"做一个拥有上述品质的人会让我感觉很好""我积极参加能够向别人显示我拥有这些品质的活动"等，采用李克特七点评定计分。在本次样本测试中，道德认同量表的克隆巴赫 α 系数为 0.77，表明其内部一致性程度可以接受；KMO 值为 0.84，且在 1% 的水平上显著，说明适合进行因子分析，如表 4-23 所示。因子分析结果发现，项目 M_5 的因子载荷系数不足 0.5，表明项目测量质量不佳，予以剔除。项目剔除后，道德认同量表的克隆巴赫 α 系数上升至 0.86。

表 4-23　道德认同测量的因子载荷及其信效度

因子	测量项目	因子载荷	克隆巴赫 α 系数	KMO 统计量
道德认同	M_1	0.88	0.77	0.84***
	M_2	0.88		
	M_3	0.65		
	M_4	0.60		
	M_5	0.46		
	M_6	0.79		
	M_7	0.74		
	M_8	0.76		
	M_9	0.80		
	M_{10}	0.82		

道德认同的测量采用如下两种方法：方法一，取测量题项的算术平均值作为道德认同的代理变量，变量符号为 MI。方法二，取测量题项的因子合成值作为道德认同的代理变量，变量符号为 MI_f，具体程序为：基于特征值大于 1，采用主成分分析法进行公因子提取，共提取出两个公因子，累计贡献率 67.345%。根据因子载荷矩阵，MI_n 代表道德认同的第 n 个公因子，M_n 代表第 n 个测量题项，因子合成表达式如下：

$$MI_1 = -0.136M_1 - 0.084M_2 + 0.177M_3 + 0.015M_4 + 0.247M_6 + 0.259M_7 - 0.054M_8 + 0.259M_9 + 0.288M_{10} \tag{4-14}$$

$$MI_2 = 0.413M_1 + 0.377M_2 + 0.034M_3 + 0.078M_4 - 0.040M_6 - 0.110M_7 + 0.330M_8 - 0.050M_9 - 0.126M_{10} \tag{4-15}$$

进一步，根据因子得分和每个公因子可以解释的方差比例，计算得出道德认同因子合成值，变量符号为 MI_f，MI_f 值越大代表道德认同程度越高。计算表达式如下：

$$MI_f \frac{48.625}{67.345} \times MI_1 + \frac{18.721}{67.345} \times MI_2 \qquad (4-16)$$

3. 中介变量

假设 H5b 的中介变量为委婉标签合理化。与前文一致，分别使用量表题项的算术平均值和因子合成值作为委婉标签合理化的替代变量。

4. 控制变量

控制变量的选取与前文一致。

（三）研究模型

为检验前述研究假设，本研究建立了如下中介效应模型：式（4-17）用于检验假设 H5a；式（4-17）、式（4-18）、式（4-19）联合用于检验假设 H5b。

$$EL_i = \beta_0 + \beta_1 MI_i + \beta_2 Desira_i + \sum \beta Control_i + \varepsilon_i \qquad (4-17)$$

$$Fraud\_EL_i = \alpha_0 + \alpha_1 MI_i + \alpha_2 Desira_i + \sum \alpha Control_i + \varepsilon_i \qquad (4-18)$$

$$Fraud\_EL_i = \gamma_0 + \gamma_1 MI_i + \gamma_2 EL_i + \gamma_3 Desira_i + \sum \gamma Control_i + \varepsilon_i \qquad (4-19)$$

（四）实证结果与分析

表 4-24 报告了委婉标签合理化中介效应的回归结果（解释变量为 MI），首先，以道德认同（MI）作为解释变量，对被解释变量委婉标签合理化（EL）进行回归，道德认同（MI）的系数为 −0.412，且在 1% 的水平上显著，表明行为人的道德认同越低，委婉标签合理化程度越高，假设 H5a 得到检验；然后，以职务舞弊倾向（$Fraud\_EL$）为被解释变量，对解释变量道德认同（MI）做回归，道德认同（MI）的系数为 −0.261，且在 1% 的水平上显著，表明道德认同对行为人的职务舞弊倾向具有负向影响；最后，以职务舞弊倾向（$Fraud\_EL$）为被解释变量，对解释变量道德认同（MI）、中介变量委婉标签合理化（EL）做回归，道德认同（MI）和

委婉标签合理化（*EL*）的系数分别为 −0.073 和 0.457，且道德认同（*MI*）的系数不再显著，这说明委婉标签合理化在道德认同与职务舞弊行为之间具有完全中介效应，与假设 H5b 的预期一致。

进一步，将关键变量的测量替换成因子合成值，重新回归如表 4−25 所示，结果显示，研究结论没有发生实质性改变。

表 4−24　委婉标签合理化中介效应回归分析表 I（算术平均值）

变量名称	M5−1	M5−2	M5−3
	EL	*Fraud_EL*	*Fraud_EL*
MI	−0.412***	−0.261***	−0.073
	（−3.88）	（−2.77）	（−0.86）
EL			0.457***
			（8.32）
Gender	0.112	−0.063	−0.114
	（0.68）	（−0.38）	（−0.77）
Age	0.108	0.047	−0.003
	（0.66）	（0.25）	（−0.02）
Educa	0.789***	0.351***	−0.009
	（5.75）	（2.63）	（−0.07）
Work_s	0.091	−0.068	−0.110
	（0.94）	（−0.66）	（−1.22）
Rank	0.329*	0.526**	0.375*
	（1.65）	（2.30）	（1.91）
Rev	−0.098	−0.155**	−0.111*
	（−1.50）	（−2.38）	（−1.97）
Faith	0.200	−0.103	−0.194
	（0.58）	（−0.33）	（−0.69）
Equity	0.280	0.158	0.030
	（1.59）	（0.89）	（0.19）

续表

变量名称	M5-1	M5-2	M5-3
	EL	*Fraud_EL*	*Fraud_EL*
Desira	0.612	0.385	0.106
	（1.56）	（0.84）	（0.26）
Industry	控制	控制	控制
_cons	1.126	2.175***	1.661**
	（1.55）	（2.84）	（2.48）
N	369	369	369
R^2	0.237	0.179	0.339
Adj R^2	0.191	0.129	0.297

表 4-25 委婉标签合理化中介效应回归分析表 II（因子合成值）

变量名称	M5-1	M5-2	M5-3
	EL_f	*Fraud_EL*	*Fraud_EL*
MI_f	−0.288***	−0.240**	−0.036
	（−4.03）	（−2.32）	（−0.39）
EL_f			0.708***
			（8.55）
Gender	0.083	−0.056	−0.114
	（0.77）	（−0.34）	（−0.77）
Age	0.077	0.042	−0.012
	（0.72）	（0.22）	（−0.08）
Educa	0.514***	0.348***	−0.015
	（5.71）	（2.60）	（−0.12）
Work_s	0.056	−0.070	−0.109
	（0.88）	（−0.67）	（−1.22）
Rank	0.219*	0.529**	0.374*
	（1.67）	（2.31）	（1.91）
Rev	−0.066	−0.157**	−0.111*
	（−1.53）	（−2.41）	（−1.97）

变量名称	M5-1	M5-2	M5-3
	EL_f	$Fraud\_EL$	$Fraud\_EL$
Faith	0.148	−0.109	−0.213
	（0.66）	（−0.35）	（−0.76）
Equity	0.176	0.157	0.0324
	（1.53）	（0.88）	（0.20）
Desira	0.384	0.383	0.111
	（1.51）	（0.84）	（0.27）
Industry	控制	控制	控制
_cons	−2.708***	0.709	2.627***
	（−7.45）	（1.10）	（4.16）
N	369	369	369
R^2	0.238	0.183	0.339
Adj R^2	0.192	0.134	0.297

三、监管处罚公告、有利比较与职务舞弊行为：实验研究证据

本部分沿着"监管处罚公告→有利比较→职务舞弊行为"的研究路径，运用实验研究法，检验监管处罚公告信息与有利比较合理化的因果关系，进一步考查在不同的个体风险偏好水平下对于职务舞弊倾向的作用表现。

（一）理论分析与实验假说

一直以来，对职务舞弊行为进行监管处罚并加以公告的预期效用之一，是通过信号传递来对潜在舞弊者形成威慑效应。但最近的心理学研究表明，监管处罚公告对职务舞弊行为的影响还潜存一种非预期效应。一般而言，基于重要性原则，以及对成本效益的考量，监管机构会倾向

于选择性质严重、涉及金额较大、或是舞弊手段特殊的案例作为监管公告的典型案例。然而，一旦监管惩罚公告事件的舞弊金额远高于行为人预期想要实施舞弊的金额，那么这一公告事件的披露不仅无法对潜在舞弊者产生威慑效应，反而还会传递出一种有利比较的合理化信号，行为人会认为相较于严重的舞弊案例而言，自身的舞弊行为是微不足道的，由此，个体对于自身舞弊行为的接受程度可能会被默化提高，继而导致职务舞弊倾向增强。

为了对上述理论演绎结论加以检验，研究通过模拟现实中的年度业绩报告情景，设计了一个舞弊行为的实验室实验。借鉴布朗（Brown，2014）的研究设计和建议，本研究选取中国证监会行政处罚公告中的"严重型案例"作为诱发实验组被试者有利比较的信息材料，与此同时，为了保证研究的可比性，选取某一"无关型案例"作为控制组被试的对照信息材料。布朗（Brown，2014）指出，个体认知合理化的产生并非是凭空捏造的，而是需要依赖于相应的信息供给。根据上述分析，研究预测，由于"严重型案例组"的被试者接收到了可供个体处理并转而生成认知合理化的信息材料，因而相较于"无关型案例组"而言，其有利比较合理化程度更高。与此同时，在有利比较合理化的影响下，"严重型案例组"的被试者也将表现出更高程度的职务舞弊倾向。

基于上述分析，本章进一步提出如下实验假说：

H6a：与无关型案例组相比，严重型案例组的有利比较合理化程度更高。

H6b：与无关型案例组相比，严重型案例组的职务舞弊倾向更高。

（二）实验设计

1. 实验被试与激励

实验对象：本研究参与实验的被试者共90人，全部来自全日制工商管理类专业的本科生。之所以将上述人员作为实验样本而未选择职业经理人，主要基于如下几点考量：第一，由于企业文化、工作氛围、社会经历的不同，这会导致在职人员的个体异质性差异较大，被试者的"污染程度"较高，噪声变量的控制难度较大，而相比之下，全日制本科生的生活环境较为简单一致，个体异质性较小，因此噪声变量的控制难度较小（孔晨等，2015）。第二，对于职业经理人而言，实验激励机制的刺激性和重要性会被大幅度削弱，这会导致职业经理人更多依据其所熟悉的市场环境进行决策，而不是根据实验中所提供的诱导机制作出反应（于洪鉴等，2019）。第三，由于本研究探讨的是行为人的基本心理因素，隶属于行为人的共性特征，不会因为群体属性的不同而产生系统性差异。第四，考虑到实验对象的易得性，以工商管理类专业本科生作为实验对象，不仅易得，而且有着相对陡峭的学习曲线以及相对较低的机会成本（于洪鉴等，2019）。

实验激励与时间：为使实验对象能够积极参与实验，本实验根据被试者在实验结束后所得的收益点数，按照10∶1的比例兑换为现金作为参与实验所得，而点数获得情况取决于被试者在实验中的决策。根据不同的实验决策表现，被试者最终获得的金钱奖励为10-55元不等。实验整体时长为45分钟，其中，前测部分为10分钟，实验主体部分为35分钟。

2. 实验流程

实验前测：考虑到舞弊行为隶属于风险决策，为了更好地控制个体风险偏好对于舞弊决策的影响，借鉴姜树广和陈叶烽（2016），本研究在实验前测环节采用简单彩票实验来度量被试者的风险偏好。实验具体过程要求被试者从表4-26的五注彩票中选择一个拟执行的彩票，每注彩票均有50％的可能性获得两种事件结果中的一个，彩票1至彩票5的期望收益和风险水平呈线性增长。

表 4-26 彩票选择、期望收益与风险

彩票	事件	可能性（%）	回报（元）	期望收益（元）	风险（元）
1	X	50	50	50	0
	Y	50	50		
2	X	50	90	60	30
	Y	50	30		
3	X	50	130	70	60
	Y	50	10		
4	X	50	170	80	90
	Y	50	−10		
5	X	50	210	90	120
	Y	50	−30		

注：风险指标根据期望收益的标准差计算得到。

实验分组：根据被试者在彩票实验中的决策结果，采取随机抽样原则，从招募的 167 名被试者中随机抽取 45 名高风险偏好者和 45 名低风险偏好者组成实验被试库。根据后续实验的需要，研究共分为 A、B、C 三组，并利用秩和检验，在保证风险偏好程度组内差异显著、组间差异不显著的情况下，将 45 名高风险偏好者和 45 名低风险偏好者随机均分到 A、B、C 三组中，每组共 30 人，包括 15 名高风险偏好者，15 名低风险偏好者。

本研究共包括两个双盲实验，在实验过程中，笔者和被试者事先均不了解实验分组情况，从而消除因个人主观偏差所产生的可能影响。

实验一：组 A、组 B 的被试者参与实验一，其中，组 A 为实验组，组 B 为控制组。首先，实验被试者在主持人的指导下阅读实验说明，为了避免框架效应对被试者所产生的心理暗示，实验说明过程中未采用"虚报""舞弊"的说法，而是使用了"报告"来代替"虚报"。借鉴孔晨等（2015）的方法，在实验中，被试者扮演某企业的 CEO，由于两权分离的现实状况，这家公司的真实业绩只有 CEO 本人知道。CEO 每年需要向董事会报告公司业绩，董事会会根据报告业绩情况对 CEO 进行薪酬结算。每年董事会都会组织内部审计人员和外聘注册会计师对公司业绩的真实性进行审核，若虚假报告被发现，就会对 CEO 施加惩罚。实验过程中，各实验被试之间相互独立且无信息沟通。

第一阶段，对被试者进行会计题项测试。在这一阶段，被试者需要对三道常规的会计题项进行作答，且题项均为单项选择题。在被试者开始作答之前，实验主持人会向被试者声明，题项测试的正答数与其在该阶段的收益正相关，如表 4-27 所示，并且决定着企业在该年度的真实经营业绩。此阶段实验设置的主要目的有以下两点：第一，通过题项测试来模拟企业日常经营，我们认为，测试者的测试成绩与其日常努力密不可分，因此，根据测试成绩结算第一阶段报酬可以合理模拟现实世界中 CEO 通过经营努力来取得经营报酬。当然，此处我们并不排除测试者的测试成绩中可能含有运气成分，但这并不有悖于现实情境，因为在现实中，企业的经营状况也同样受到运气成分的影响。第二，增加被试者的实验代入感和业绩责任感。在业绩报告阶段，我们会告知被试者根据测试成绩而生成的企业真实业绩，并要求其进行业绩报告。比起直接告知，经过阶段一处理后的被试者更有可能将生成的企业业绩与自身相挂钩，从而增加其业绩责任感。因此，该阶段的设置将更助于观测被试者的道德自律性对其舞弊决策的影响。

表 4-27　测试成绩与被试者阶段收益对应表

事件	测试题正答数（道）	第一阶段收益（点）
1	0	50
2	1	100
3	2	150
4	3	200

第二阶段，对两组被试者进行监管处罚公告的差别化信息处理。借鉴布朗（Brown，2014）的研究，本研究选取中国证监会官方网站披露的监管处罚案例作为诱发被试者有利比较的信息材料，并将该材料编码为"材料1"。选取该处罚案例作为诱发材料的理由有以下两点：第一，在该案例中，当事人虚增申报会计期的主营业务收入金额远远大于下一阶段被试者在决策情景中可虚报金额的程度；第二，除业绩虚增以外，该案例还存在着大额银行存款虚增、大额固定资产虚增以及大额关联交易隐瞒等严重事项。为了保持实验对照，本研究同样选取了阅读量、字数近乎一致的无关信息材料，作为材料1的对照材料，并编码为"材料2"。在实验过程中，由组A（严重型案例组）被试者阅读"材料1"，由组B（无关型案例组）被试者阅读"材料2"。

第三阶段，被试者进行年度业绩报告，并给出舞弊行为被发现的概率。首先，告知被试者根据测试成绩而生成的真实企业业绩，需要说明的是，为了避免真实业绩不同而产生的参照效应噪音，被试者拿到的真实业绩唯一且确定，均为127万元。在此基础上，让被试者选择拟报告的企业业绩，并告知被试者当存在不符报告情形时，将有15%的概率会被发现，若被发现，会被处以虚报业绩点数收益 ×1.5 的惩罚金额，其中，业绩选项分布在127万元至207万元之间，选项间隔为20万元（如表4-28所示）。

表4-28　企业业绩报告单

真实的企业业绩（万元）	报告业绩选择项（万元）	第三阶段收益（点）
127	127	150
	147	200
	167	250
	187	300
	207	350

第四阶段，测量被试者的有利比较合理化倾向。在被试者完成业绩报

告后，需要填答三道测量有利比较合理化倾向的题项，题项采用李克特七点评定计分。

第五阶段，根据舞弊行为被发现的概率进行抽查，确定被试者在实验中所获得的全部收益点数，然后进行最终收益清算和实验解释。

实验二：上述实验一的研究设计可能会导致另外一种替代性解释，即处罚公告信息除诱使被试者产生有利比较因素以外，还可能导致被试者产生责任分散（认为别人都这么做，我也可以这么做），从而可能导致实验结果的理论解释存在噪声。为了进一步考察上述替代性解释是否存在，研究进一步设计了实验二，并增加了一组实验组组 C（轻微型案例组）。组 C 被试者的实验过程同样分为五个阶段，除第二阶段不同以外，其余四个阶段的操作过程均与实验一保持一致。为了保证实验的可比性，实验二给予组 C 被试者的信息材料与组 A 基本一致，唯一的不同之处在于，材料中的舞弊金额全部按 2000 倍比例同比缩小，其中，缩小后的主营业务收入虚增金额大致处于游戏可虚增金额的均值区间。在实证检验阶段，本研究将进一步通过组 A 与组 C、组 B 与组 C 的组间差异检验来排除可能的替代性解释。

3. 实验收益函数

假定实验被试者在第一阶段的题项正答数为 n 个，在第三阶段报告的企业业绩设定为 m 万元，则实验被试者的最终收益点数设定如表 4-29 所示，实验中每 10 点对应 1 元人民币实验报酬。

表 4-29　实验收益函数

决策情形	点数收益函数
如实报告或虚报未被发现	$(\dfrac{m-127}{20}+n) \times 50 + 200$
虚报且被发现	$(n-\dfrac{m-127}{40}) \times 50 + 200$

4. 实验变量定义与说明

职务舞弊行为：对被试者选择的报告业绩选择项 127 万元—207 万元依次赋值 1—5，取值越大，代表职务舞弊倾向越高。

有利比较合理化：取量表题项的算术平均值来衡量被试者的有利比较合理化。

风险偏好：采用彩票实验中的决策结果进行测量，彩票 1—彩票 5 代表风险偏好程度递增。

（三）实验结果与分析

鉴于实验研究的样本量难以满足正态分布的假定条件，因此，本书采用 Mann-Whitney 秩和检验来考察处罚公告的案例信息是否会对被试者的有利比较合理化以及职务舞弊倾向产生影响。当检测项为有利比较合理化时，秩和检验的 Z 值为 -2.457，显著性为 0.014，在 5% 水平下显著，且严重型案例组（组 A）的秩均值为 35.80，大于无关型案例组（组 B）的秩均值 25.20，表明与"无关型案例组"的被试者相比，"严重型案例组"被试者的有利比较合理化程度更高，这与假设 H6a 的预期相吻合。同样，当检测项为职务舞弊倾向时，秩和检验的 Z 值为 -1.940，显著性为 0.052，在 10% 水平下显著，且严重型案例组（组 A）的秩均值为 34.67，大于无关型案例组（组 B）的秩均值 26.33，表明与"无关型案例组"被试者相比，"严重型案例组"被试者的职务舞弊倾向更高，假设 H6b 得到验证，如表 4-30 所示。

表 4-30　实验结果的组间秩和检验

检测项	样本分类	样本数	秩均值	秩和	Mann-Whitney	显著性
有利比较合理化	严重型案例组（组 A）	30	35.80	1074	Z=-2.457	0.014

检测项	样本分类	样本数	秩均值	秩和	Mann-Whitney	显著性
有利比较合理化	无关型案例组（组B）	30	25.20	756	Z=-2.457	0.014
职务舞弊倾向	严重型案例组（组A）	30	34.67	1040	Z=-1.940	0.052
	无关型案例组（组B）	30	26.33	790		

　　进一步，研究对被试者在不同风险偏好条件下的有利比较合理化与职务舞弊倾向进行了组间秩和检验。如表4-31所示，在低风险偏好条件下，有利比较合理化的秩和检验 Z 值为 -1.306，显著性为 0.217，职务舞弊倾向的秩和检验 Z 值为 -0.809，显著性为 0.412，这表明在低风险偏好条件下，无论是有利比较合理化还是职务舞弊倾向，严重型案例组（组A）与无关型案例组（组B）的被试者均不存在显著性差异，如表4—31所示。同样，在高风险偏好条件下，有利比较合理化的秩和检验 Z 值为 -1.978，显著性为 0.067，在10％水平下显著，且严重型案例组（组A）的秩均值为 18.47，大于无关型案例组（组B）的秩均值 12.53，表明"严重型案例组"被试者的有利比较合理化程度更高，如表4-32所示。在高风险偏好条件下，职务舞弊倾向的秩和检验 Z 值为 -1.813，显著性为 0.089，在10％水平下显著，且严重型案例组（组A）的秩均值为 18.27，大于无关型案例组（组B）的秩均值 12.73，表明"严重型案例组"被试者的职务舞弊倾向更高，如表4-32所示，综合上述结果表明，处罚公告信息对有利比较合理化与职务舞弊行为的影响仅在高风险偏好被试者中显著存在。而导致上述情景差异的可能原因是，高风险偏好被试者在舞弊决策中所表现出的意愿、倾向往往更加强烈，更倾向于通过搜寻有利信息来进行自我辩护，在

实验情景下，表现为对实验诱发信息的关注利用程度较高，因此影响效应显著。相反，由于低风险偏好者对信息的关注利用程度较低，因此影响效应不显著。

表 4-31　低风险偏好条件下组间秩和检验

检测项	样本分类	样本数	秩均值	秩和	Mann-Whitney	显著性
有利比较合理化	严重型案例组（组 A）	15	17.53	263	Z=−1.306	0.217
	无关型案例组（组 B）	15	13.47	202		
职务舞弊倾向	严重型案例组（组 A）	15	16.87	253	Z=−0.890	0.412
	无关型案例组（组 B）	15	14.13	212		

表 4-32　高风险偏好条件下组间秩和检验

检测项	样本分类	样本数	秩均值	秩和	Mann-Whitney	显著性
有利比较合理化	严重型案例组（组 A）	15	18.47	277	Z=−1.978	0.067
	无关型案例组（组 B）	15	12.53	188		
职务舞弊倾向	严重型案例组（组 A）	15	18.27	274	Z=−1.813	0.089
	无关型案例组（组 B）	15	12.73	191		

（四）稳健性检验：对替代性解释的排除

理论上，实验一中的处罚公告信息除诱使被试者产生有利比较因素以外，还可能导致被试者产生责任分散（认为别人都这么做，我也可以这么做），进而对其职务舞弊决策产生影响。然而，这可能导致研究结论产生另外一种替代性解释，即被试者舞弊倾向的增强并非是有利比较因素（或并非仅仅是有利比较因素）在起作用。基于此，为进一步排除这一替代性解释，本研究进一步设计了实验二，并增加了一组实验组组 C（轻微型案例组）。由于有利比较的产生机理在于舞弊行为的程度差异，因此，本研究将组 A 材料中的舞弊金额按照 2000 比例同比缩小后作为组 C 被试者的诱发材料，降低后的舞弊案例金额与实验被试在游戏中可虚报金额均值相近，从而能够较好地剔除有利比较效应对被试者舞弊决策的影响。

本研究通过组 A 与组 C、组 B 与组 C 的秩和检验来进一步考察上述替代性解释是否存在。具体而言，职务舞弊倾向的组间秩和检验如表 4-33 所示，从组 A 与组 C 的比较情况来看，秩和检验的 Z 值为 -3.169，显著性为 0.002，在 1% 水平下显著，且组 A 的秩均值 37.18，大于组 C 的秩均值 23.82，这表明在干净地剔除了"有利比较效应"的影响后，被试者的职务舞弊倾向会出现显著降低，进一步验证了处罚公告中的有利比较信息对职务舞弊行为的影响。从组 B 与组 C 的比较情况来看，秩和检验的 Z 值为 -1.338，显著性为 0.181，说明组 B 与组 C 被试者的职务舞弊倾向不存在显著性差异，这意味着在干净地剔除了"有利比较效应"，处罚公告中的其他信息（含可能存在的责任分散信息）则不会再对被试者的职务舞弊倾向产生显著影响。进一步，可以看到，组 C 的秩均值为 27.85，低于组 B 的秩均值 33.15，这表明在剔除了"有利比较效应"后，处罚公告信息对职务舞弊倾向的影响更多是表现出威慑效应而非激励效应。综合上述结果，本研究可以基本排除替代性解释对研究结论的干扰。

表 4-33 职务舞弊倾向的组间秩和检验

样本分类	样本数	秩均值	秩和	Mann-Whitney	显著性
严重型案例组（组 A）	30	37.18	1115.5	Z=-3.169	0.002
轻微型案例组（组 C）	30	23.82	714.5		
无关型案例组（组 B）	30	33.15	994.5	Z=-1.338	0.181
轻微型案例组（组 C）	30	27.85	835.5		

本章小结

本章采用情景模拟的总体研究设计，运用调查或实验研究方法，实证检验了认知重构维度下认知合理化对职务舞弊行为的作用机理以及诱发因素。实证结果表明，第一，在认知重构维度下，行为人的道德辩护合理化、委婉标签合理化、有利比较合理化程度越高，其实施职务舞弊行为的倾向性越大，且在舞弊行为后所产生的负性情绪水平越低。第二，逐步法、Sobel 法及 Bootstrap 法的模型检验结果均显示，认知重构维度下，负性情绪在认知合理化与职务舞弊倾向之间具有部分中介作用。第三，认知重构维度下，不同认知合理化对职务舞弊行为的影响存在敏感性差异，对比之下，道德辩护合理化与有利比较合理化的影响相对较高，而委婉标签合理化的影响相对较低。第四，组织认同对行为人的道德辩护合理化具有正向影响，并且当舞弊行为的实施有助于维护组织利益时，组织认同对行为人道德辩护合理化的影响会进一步诱使其职务舞弊倾向增强。第五，行为人的道德认同程度越低，其委婉标签合理化程度越大，所表现出的职务舞弊倾向也会越高。第六，严重型的处罚公告信息会诱使行为人产生有利比较合理化，并导致其职务舞弊倾向增加，但上述影响会因行为人风险偏好程度的不同而产生差异，具体表现为，在高风险偏好的样本组中，上述影响显著存在，而在低风险偏好的样本组中，上述影响则失效。

第五章　责任扭曲与职务舞弊行为研究

本章将对认知合理化因素的第二个维度——责任扭曲维度及其与职务舞弊行为的关系展开探究。本章遵循"责任扭曲→职务舞弊行为→诱发因素探究"的既定研究路径，运用调查及实验研究方法，探讨责任扭曲维度下认知合理化对职务舞弊行为的影响效应、作用机理与诱发因素。首先，实证检验责任扭曲维度下责任转移、责任分散及结果忽视合理化对职务舞弊行为及舞弊负性情绪的影响。其次，通过构建中介效应模型，实证检验负性情绪在责任扭曲与职务舞弊行为二者之间的桥梁作用。在此基础上，进一步分析不同认知合理化对职务舞弊行为影响的程度差异。最后，基于信息搜寻层面，选取威权领导、工具型组织伦理氛围、重要性水平设定三个实践情景，采用调查及实验研究方法，进一步实证考察责任扭曲维度下认知合理化的诱发因素。

第一节　理论分析与研究假说

根据舞弊三角理论，在存有舞弊压力的先决条件下，行为人想要实施舞弊需要依靠"机会"来脱离外在监管机制的硬约束，同时，还需要依靠"认知合理化"来瓦解内在防线的软约束，而行为人的内在防线本质上表现为内在自我的"道德关"（杨继平等，2010）。在人际互动中，讲道德被视为一种广受赞许的美德，因此，在社会道德期许的影响下，绝大多数行为人都会在意自己是否是道德的，以及在日常生活中讲道德的程度（张宏伟和李晔，2014）。由此而来，在压力和机会因素并存的条件下，是否实施舞弊将取决于行为人能否通过认知合理化来完成自我说服，从而降低内在道德防线的约束程度。

具体到责任扭曲维度下，其涵盖的认知合理化机制是否以及如何帮助个体越过内在自我的"道德关"，则是本节需要着重展开论证的问题。前文已述，责任扭曲维度下的认知合理化，其关注焦点在于"舞弊责任的承担"，而非"舞弊行为的性质"。换言之，通过责任扭曲的方式，行为人不会采取包装、粉饰自身行为的策略，而是通过认定"自身不应当承担舞弊责任"的方式来规避道德防线的内在约束。具体地，责任转移合理化是把实施舞弊行为的责任推脱给发号施令的行为主体身上，从而转移自身应承担的道德责任；责任分散合理化是把实施舞弊行为的责任推脱给外在环境或舞弊群体，通过群体的"责任分散效应"来稀释个体应承担的道德责任；而结果忽视合理化则通过忽视行为影响的方式来减少自身的道德责任。由此而言，责任扭曲维度的三个合理化机制可以有效通过"扭曲行为责任"的方式，以减少真实欲望自我（舞弊者）与理想道义自我（道德者）之间的内心冲突，进而导致其实施职务舞弊行为的倾向性增强。基于上述分析，本章提出如下假设：

H1：责任扭曲维度下，行为人的认知合理化程度越高，其职务舞弊行为倾向越大。

H1a：行为人的责任转移合理化程度越高，其职务舞弊行为倾向越大。

H1b：行为人的责任分散合理化程度越高，其职务舞弊行为倾向越大。

H1c：行为人的结果忽视合理化程度越高，其职务舞弊行为倾向越大。

根据认知失调理论，当外部环境或自我行为与个体的既定认知产生冲突时便会导致认知失调，而这种认知失调会引发行为人产生心理不适〔费斯汀格（Festinger，1957）］、内疚［海德特（Haidt，2009）］等负性情绪。具体到职务舞弊情景下，理想道义的自我（道德者）与真实欲望的自我（舞弊者）之间的内心冲突会诱使行为人产生认知失调，进而引发相应的负性情绪［墨菲（Murphy，2012）］，并且这种负性情绪的大小将会根据责任承担的多少而有所不同（陈艳等，2017）。换言之，当个体认为自己应当为舞弊行为承担完全责任时，其内心冲突感最为强烈，负性情绪亦会达到峰值。一旦行为人有能力通过某种方式或手段来实现责任推脱，相应地，其内心冲突和负性情绪则会得到有效缓解。沿此逻辑，责任扭曲维度下的三个认知合理化机制——责任转移、责任分散、结果忽视，均可以通过扭曲责任的方式来实现上述过程。具体而言，责任转移合理化是通过寻找托辞来将舞弊责任转移给他人，责任分散合理化是通过利用群体的"责任分散效应"来稀释舞弊责任，而结果忽视合理化则通过忽视行为影响的方式来否认舞弊责任。综上所述，可以合理推断的是，在责任扭曲维度下，行为人的认知合理化程度越高，其对自身舞弊责任的扭曲程度越高，在舞弊决策时因认知失调而引发的负性情绪越低。基于上述分析，本章进一步提出如下假设：

H2：责任扭曲维度下，行为人的认知合理化程度越高，其在职务舞弊决策时所产生的负性情绪越低。

H2a：行为人的责任转移合理化程度越高，其在职务舞弊决策时所产生的负性情绪越低。

H2b：行为人的责任分散合理化程度越高，其在职务舞弊决策时所产生的负性情绪越低。

H2c：行为人的结果忽视合理化程度越高，其在职务舞弊决策时所产生的负性情绪越低。

沿袭第四章关于道德决策与情绪控制的相关证据，以及行为人负性情绪与道德行为的相关结论，置于职务舞弊情景下，当面对舞弊压力和机会时，行为人舞弊决策时的负性情绪水平将对其舞弊行为倾向性产生逆效应。至此，当引入认知合理化这一研究变量后，本章预期"认知合理化、负性情绪、职务舞弊倾向"三者之间将存在如下逻辑关系：在责任扭曲维度下，行为人的认知合理化程度越高，其越有能力通过扭曲自身责任的方式来缓解由认知失调所引发的负性情绪，从而使得负性情绪对舞弊行为的抑制作用失效。也就是说，在上述关系中，负性情绪发挥着显著的中介效应。基于上述分析，本章进一步提出如下假设：

H3：责任扭曲维度下，负性情绪在认知合理化与职务舞弊倾向之间具有中介作用。

H3a：负性情绪在责任转移合理化与职务舞弊倾向之间具有中介作用。

H3b：负性情绪在责任分散合理化与职务舞弊倾向之间具有中介作用。

H3c：负性情绪在结果忽视合理化与职务舞弊倾向之间具有中介作用。

第二节 研究设计与方法

一、研究工具与变量设计

本章采用情景模拟法的总体研究设计展开研究，具体的研究变量及适配的研究工具如下。

认知合理化（责任扭曲维度）。认知合理化采用第三章编制的正式量表进行度量。其中，责任转移合理化包含四个题项，如"如果粉饰公司财务报表是上级的决定，你作为被迫执行人应当免责"等；责任分散合理化包含三个题项，如"当整个组织环境导致舞弊行为盛行时，你个人的担心是没有意义的"等；结果忽视合理化包含三个题项，如"在不伤害任何人的情况下，利用职务之便收取些好处无关紧要"等，上述题项采用李克特七点评定计分。

职务舞弊情景。为了准确测量被试者在不同认知合理化情景下的职务舞弊倾向，本章与第四章一致，同样采用"1+3"式的情景结构设计，即一个基本情景加三个条件情景。舞弊基本情景的主要内容为"子公司管理层面对绩效考核压力与舞弊资金收益（约为年工资额的35％），是否选择伪造凭证，并递延确认部分存货清查损失"。总之，基本情景部分即构建一个同时存在舞弊压力（年工资额35％的绩效考核收益）和舞弊机会（技术操纵上完全可行）的决策场所。

在此基础上，本章加入三个条件情景，目的是将不同类型的认知合理化信息引入，并以此精确考察被试者在不同认知合理化情景下的职务舞弊倾向。其中，责任转移情景下的测度内容为"如果你的上级领导对你下达命令，指示你递延确认存货损失，你会选择实施绩效操纵的倾向性"；责任分散情景下的测度内容为"如果集团内的其他子公司普遍通过利润操纵来满足绩效目标，你会选择实施绩效操纵的倾向性"；结果忽视情景下的测度内容为"如果该项处理涉及的调整金额较小，不会对公司投资者和其他相关方的利益产生影响，你会选择实施绩效操纵的倾向性"。职务舞弊倾向的测量采用李克特七点评定计分，负性情绪的测度后附于每一个条件情景，导语部分通过询问被试者"假定你实施了上述绩效操纵行为，你预期可能会有的想法和感受"来作答，采用坦尼（Tangney，1995）的负性情绪量表，共三个题项，如"心理会感觉很不舒服"等，上述题项采用李克特七点评定计分。

问卷质量控制。为保证数据质量，本章在问卷设计上通过增加两道后测题项，以考察被试者对填答规则的理解程度以及填答过程的认真程度，两道题项全部答对的样本予以保留。

社会赞许效应控制。社会赞许效应控制。采用杨中芳（1996）的社会赞许性量表进行控制，共十道题项，如"有时我会控制不住自己而向别人发火"。题项采用两点计分，选择"从未有过"计0分，"曾经有过"计1分。

综合上述，本章研究的流程设计及研究工具如表5-1所示。

表5-1　流程设计及研究工具

流程设计	度量指标	研究工具
认知合理化 （责任扭曲维度）	责任转移合理化	第三章认知合理化量表
	责任分散合理化	
	结果忽视合理化	
职务舞弊情景	职务舞弊行为倾向（责任转移）	一道题项
	负性情绪（责任转移）	负性情绪量表
	职务舞弊行为倾向（责任分散）	一道题项
	负性情绪（责任分散）	负性情绪量表
	职务舞弊行为倾向（结果忽视）	一道题项
	负性情绪（结果忽视）	负性情绪量表
问卷质量控制	—	两道题项
社会赞许效应控制	社会赞许性	社会赞许量表

二、模型设计

为检验研究假设，本章构建如下三个实证模型：式（5-1）用于检验假设H1，即责任扭曲维度下，认知合理化与职务舞弊倾向的关系；式（5-2）用于检验假设H2，即责任扭曲维度下，认知合理化与负性情绪的关系；式（5-1）、式（5-2）、式（5-3）联合用于检验假设H3，即负性情绪在认知合理化与职务舞弊倾向之间的中介作用。

$$Fraud_i = \alpha_0 + \alpha_1 Rat\_RD_i + \alpha_2 Desira_i + \sum \alpha Control_i + \varepsilon_i \qquad （5-1）$$

$$Neg_i = \beta_0 + \beta_1 Rat\_RD_i + \beta_2 Desira_i + \sum \beta Control_i + \varepsilon_i \qquad （5-2）$$

$$Fraud_i = \gamma_0 + \gamma_1 Rat\_RD_i + \gamma_2 Neg_i + \gamma_3 Desira_i + \sum \gamma Control_i + \varepsilon_i \qquad （5-3）$$

上式中，i 指代不同的被试者，*Rat_RD* 表示责任扭曲维度下的认知合理化机制，包括责任转移合理化（*DPR*）、责任分散合理化（*DFR*）、结果忽视合理化（*IC*），*Neg* 表示负性情绪，*Desira* 表示社会赞许效应，*Control* 表示控制变量。根据以往研究结论，选取性别、年龄、教育水平、工作年限、岗位职级、收入水平、宗教信仰等人口统计学变量，以及产权性质、行业类别等产业组织层变量作为控制变量（孔晨和陈艳，2015；陈艳等，2017；王汉瑛等，2018）。具体变量定义如表 5-2 所示。

表 5-2　变量定义

变量			符号	定义
被解释变量	职务舞弊倾向		*Fraud_DPR*	职务舞弊行为倾向均值（责任转移情景）
			Fraud_DFR	职务舞弊行为倾向均值（责任分散情景）
			Fraud_IC	职务舞弊行为倾向均值（结果忽视情景）
	负性情绪		*Neg_DPR*	负性情绪量表题项均值（责任转移情景）
			Neg_DFR	负性情绪量表题项均值（责任分散情景）
			Neg_IC	负性情绪量表题项均值（结果忽视情景）
解释变量	认知合理化（责任扭曲）	责任转移	*DPR*	责任转移因子题项均值
		责任分散	*DFR*	责任分散因子题项均值
		结果忽视	*IC*	结果忽视因子题项均值
控制变量	性别		*Gender*	男性取 0，女性取 1
	年龄		*Age*	18 岁以下、18—25 岁、26—30 岁、31—40 岁、41—50 岁、51—60 岁、60 岁以上依次取值 1—7
	教育水平		*Educa*	高中及以下、专科、本科、研究生依次取值 1—4
	工作年限		*Work_s*	1 年以下、1—3 年、4—6 年、7—10 年、11—15 年、16—20 年、20 年以上依次取值 1—7
	岗位职级		*Rank*	普通员工、经理层、高层管理者依次取值 1—3

续表

变量		符号	定义
控制变量	收入水平	*Rev*	年收入5万元以下、5万—7万元、8万—10万元、11万—15万元、16万—20万元、21万—30万元、30万元以上依次取值1—7
	宗教信仰	*Faith*	无宗教信仰取0，有宗教信仰取1
	产权性质	*Equity*	非国有企业取0，国有企业取1
	社会赞许性	*Desira*	社会赞许性量表的题项均值
	行业	*Industry*	根据国家统计局《2017年国民经济行业分类》和数据结构设置19个哑变量

三、数据来源

本次研究的调查对象为企业实务人员，为控制同源方法偏差的影响，研究过程保证被试者的匿名性，同时数据收集过程采用线上、线下相结合的方式，问卷全程采用无记名方式作答。研究共收回问卷446份，为保证数据质量，研究剔除网上填答用时过短（小于90秒）、质量控制题项存在填答错误的样本，最终获得有效样本355份。

四、信度与效度检验

为检验测度工具在本次研究中的适用性，本章对认知合理化、负性情绪的测度量表进行信度与效度检验。信度分析方面，本章采用克隆巴赫 α 系数来检验问卷数据的内部一致性；效度分析方面，本章采用KMO统计量来检验问卷数据是否具有较好的因子结构。

认知合理化变量的信效度检验结果如表5-3所示，责任转移合理化（*DRP*）、责任分散合理化（*DFR*）、结果忽视合理化（*IC*）的克隆巴赫 α 系数分别为0.91、0.84和0.82，说明检验结果的信度水平较好，KMO值均大于 0.70 且在 1% 的水平上显著，说明样本数据适合进行因子分析。进一步，本章根据因子分析载荷系数来判别各测量项目的重要性程度，结果如表 5-4 所示，总体而言，各题项的因子载荷均大于 0.50，说明各项目对于其所测因子而言均是重要的。

表 5-3　认知合理化信效度检验结果（责任扭曲）

统计项	DPR	DFR	IC
克隆巴赫 α 系数	0.91	0.84	0.82
KMO 统计量	0.83***	0.73***	0.72***

表 5-4　认知合理化测量项目载荷系数（责任扭曲）

因子	测量项目	因子载荷
责任转移	DPR_1	0.82
	DPR_2	0.89
	DPR_3	0.91
	DPR_4	0.91
责任分散	DFR_1	0.86
	DFR_2	0.89
	DFR_3	0.87
结果忽视	IC_1	0.87
	IC_2	0.85
	IC_3	0.86

　　负性情绪变量的信效度检验结果如表 5-5 所示，该变量在责任转移、责任分散、结果忽视情景中的克隆巴赫 α 系数均大于 0.90，KMO 值均大于 0.75 且在 1% 的水平上显著，说明检验结果的信效度水平较高。进一步，本章根据载荷系数来判别负性情绪各测量项目的重要性程度，结果如表 5-6 所示，总体而言，各题项的因子载荷均大于 0.50，说明各项目对于

其所测因子而言均是重要的。

表 5-5 负性情绪信效度检验结果

统计项	*Neg_DPR*	*Neg_DFR*	*Neg_IC*
克隆巴赫 α 系数	0.97	0.98	0.98
KMO 统计量	0.77***	0.78***	0.78***

表 5-6 负性情绪测量项目载荷系数

因子	测量项目	*Neg_DPR*	*Neg_DFR*	*Neg_IC*
负性情绪	*Neg₁*	0.96	0.98	0.98
	Neg₂	0.98	0.98	0.99
	Neg₃	0.97	0.98	0.98

五、同源方法偏差分析

借鉴朱秀梅和王天东（2019），采用程序控制和统计控制方法对样本施加控制。其中，程序控制通过对样本进行时间与空间分离，以及保证被试者的匿名性来实现；在统计控制上，采用哈曼单因素检验法进行控制，本章样本公因子对变量的整体解释程度为 72.299%，未经旋转的第一个因子解释力为 20.729%，低于 50% 的判断标准，因此，不存在严重的同源方法偏差问题。

第三节 实证结果与分析

一、描述性统计

本章主要变量的描述性统计见表 5-7。责任转移（*DPR*）、责任分散（*DFR*）、结果忽视合理化（*IC*）的均值分别为 3.013、2.867、2.172，中位数分别为2.750、2.667、2.000，说明在本次样本测试中，被试者对于责任转移合理化的接受认可程度较其他两者更高。从舞弊决策来看，各信息情景下的舞弊倾向均值分别为3.873（*Fraud_DPR*）、3.924（*Fraud_DFR*）、4.282（*Fraud_IC*），说明被试者在结果忽视情景下的职务舞弊倾向最高，责任分散次之，责任转移最低。同时，变量*Fraud_DPR*、*Fraud_DFR*、*Fraud_IC*的最大值、最小值均为7.000和1.000，标准差分别为1.853、1.975、2.047，说明职务舞弊行为的决策情景具有较好的题项鉴别度。负性情绪在各信息情景下的均值分别为5.165（*Neg_DPR*）、4.970（*Neg_DFR*）、4.582（*Neg_IC*），这说明多数被试者在实施舞弊行为后会产生较高程度的负性情绪水平。

表 5-7　变量描述性统计

变量	观测值	均值	标准差	最小值	25百分位	中位数	75百分位	最大值
DPR	355	3.013	1.728	1.000	1.500	2.750	4.250	7.000
DFR	355	2.867	1.594	1.000	1.333	2.667	4.000	7.000
IC	355	2.172	1.163	1.000	1.000	2.000	3.000	7.000
Fraud_DPR	355	3.873	1.853	1.000	2.000	4.000	5.000	7.000
Fraud_DFR	355	3.924	1.975	1.000	2.000	4.000	5.000	7.000
Fraud_IC	355	4.282	2.047	1.000	3.000	5.000	6.000	7.000
Neg_DPR	355	5.165	1.818	1.000	4.000	5.667	7.000	7.000
Neg_DFR	355	4.970	1.853	1.000	4.000	5.000	7.000	7.000
Neg_IC	355	4.582	1.963	1.000	3.000	5.000	6.333	7.000
Gender	355	0.659	0.475	0.000	0.000	1.000	1.000	1.000
Age	355	3.625	0.865	2.000	3.000	4.000	4.000	7.000
Educa	355	3.696	0.590	1.000	4.000	4.000	4.000	4.000
Work_s	355	3.808	1.499	1.000	3.000	4.000	5.000	7.000
Rank	355	1.327	0.558	1.000	1.000	1.000	2.000	3.000
Rev	355	3.425	1.586	1.000	2.000	3.000	4.000	7.000

续表

变量	观测值	均值	标准差	最小值	25百分位	中位数	75百分位	最大值
Faith	355	0.087	0.283	0.000	0.000	0.000	0.000	1.000
Equity	355	0.462	0.499	0.000	0.000	0.000	1.000	1.000
Desira	355	0.623	0.249	0.000	0.500	0.600	0.800	1.000

为了形象地呈现出认知合理化（责任扭曲维度）对行为和情绪的影响，本章根据均值和中位数两个指标，按照认知合理化程度的大小进行高低分组（均值以上组、均值以下组；中位数以上组、中位数以下组），分别计算各组样本的职务舞弊行为倾向均值（*Fraud*）和负性情绪均值（*Neg*），如图5-1、图5-2、图5-3所示。

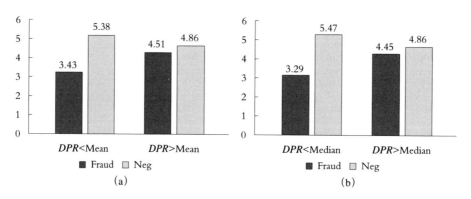

图5-1　责任转移合理化对行为和情绪的影响：来自图形的证据

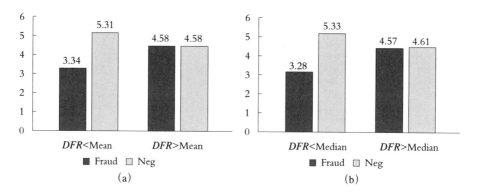

图5-2　责任分散合理化对行为和情绪的影响：来自图形的证据

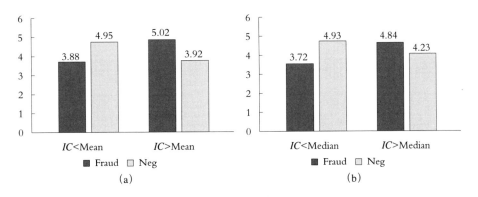

图 5-3　结果忽视合理化对行为和情绪的影响：来自图形的证据

　　图 5-1 描述了责任转移合理化对行为和情绪的影响。根据均值分组，职务舞弊倾向在均值以下组（*DPR*<Mean）和均值以上组（*DPR*>Mean）的平均值分别为 3.43 和 4.51，呈现上升态势，而负性情绪在均值以下组（*DPR*<Mean）和均值以上组（*DPR*>Mean）的平均值分别为 5.38 和 4.86，呈现下降态势。独立样本的 T 检验结果表明，两组样本在职务舞弊倾向（T=-5.610，P=0.000）和负性情绪（T=2.653，P=0.008）上均存在显著性差异。同样，根据中位数分组，职务舞弊倾向在中位数以下组（*DPR*<Median）和中位数以上组（*DPR*>Median）的平均值分别为 3.29 和 4.45，负性情绪在中位数以下组（*DPR*<Median）和中位数以上组（*DPR*>Median）的平均值分别为 5.47 和 4.86。独立样本的 T 检验结果表明，两组样本在职务舞弊倾向（T=-6.176，P=0.000）和负性情绪（T=3.179，P=0.002）上均存在显著性差异。上述结果直观表明，责任转移合理化对行为人的职务舞弊倾向具有正向影响，对负性情绪具有负向影响，这初步印证了本章的假设 H1a 和 H2a。

　　图 5-2 描述了责任分散合理化对行为和情绪的影响。按照均值分组，职务舞弊倾向在均值以下组（*DFR*<Mean）和均值以上组（*DFR*>Mean）中的平均值分别为 3.34 和 4.58，呈现上升态势，而负性情绪在均值以下

组（*DFR*<Mean）和均值以上组（*DFR*>Mean）的平均值分别为 5.31 和 4.58，呈现下降态势。独立样本的 T 检验结果表明，两组样本在职务舞弊倾向（T=−6.209，P=0.000）和负性情绪（T=3.801，P=0.000）上均存在显著性差异。同样，按照中位数分组，职务舞弊倾向在中位数以下组（*DFR*<Median）和中位数以上组（*DFR*>Median）中的平均值分别为 3.28 和 4.57，负性情绪在中位数以下组（*DFR*<Median）和中位数以上组（*DFR*>Median）的平均值分别为 5.33 和 4.61。独立样本的 T 检验结果表明，两组样本在职务舞弊倾向（T=−6.505，P=0.000）和负性情绪（T=3.731，P=0.000）上均存在显著性差异。上述结果直观表明，责任分散合理化对行为人的职务舞弊倾向具有正向影响，对负性情绪具有负向影响，同样初步印证了本章的研究假设 H1b 和 H2b。

图 5-3 描述了结果忽视合理化对行为和情绪的影响。按照均值分组，职务舞弊倾向在均值以下组（*IC*<Mean）和均值以上组（*IC*>Mean）的平均值分别为 3.88 和 5.02，呈现上升态势，而负性情绪在均值以下组（*IC*<Mean）和均值以上组（*IC*>Mean）的平均值分别为 4.95 和 3.92，呈现下降态势。独立样本的 T 检验结果表明，两组样本在职务舞弊倾向（T=−5.192，P=0.000）和负性情绪（T=4.879，P=0.000）上均存在显著性差异。按照中位数分组，职务舞弊倾向在中位数以下组（*IC*<Median）和中位数以上组（*IC*>Median）的平均值分别为 3.72 和 4.84，负性情绪在中位数以下组（*IC*<Median）和中位数以上组（*IC*>Median）的平均值分别为 4.93 和 4.23。独立样本的 T 检验结果表明，两组样本在职务舞弊倾向（T=−5.378，P=0.000）和负性情绪（T=3.419，P=0.001）上均存在显著性差异。上述结果直观表明，结果忽视合理化对行为人的职务舞弊倾向具有正向影响，对负性情绪具有负向影响，为本章的研究假设 H1c 和 H2c 提供了初步证据。

二、假设检验与分析

（一）责任扭曲维度下认知合理化对行为和情绪的影响

研究采用式（5-1）检验责任扭曲维度下认知合理化对行为的影响，其中，模型 M1-1、M2-1、M3-1 分别用于检验责任扭曲维度下，责任转移合理化、责任分散合理化、结果忽视合理化对职务舞弊倾向的影响。在进行回归分析之前，本章采用方差膨胀因子（VIF）进行多重共线性检验，结果表明模型变量的 VIF 均小于 10。此外，研究采用异方差稳健的标准误进行回归估计。

表 5-8 报告了模型 M1-1、M2-1、M3-1 的回归结果。在模型 M1-1 中，责任转移合理化（ *DPR* ）与职务舞弊倾向在 1% 水平上显著为正，回归系数为 0.309，这表明责任转移合理化对行为人的职务舞弊倾向具有正向影响，与假设 H1a 的预期一致。进一步，在模型 M2-1 中，责任分散合理化（ *DFR* ）的回归系数为 0.451，且在 1% 的水平上显著，验证了假设 H1b；同样，在模型 M3-1 中，结果忽视合理化（ *IC* ）也在 1% 的水平上显著为正，支持了假设 H1c。综合上述，可以看出，在责任扭曲维度下，行为人的认知合理化程度显著影响着个体的职务舞弊决策，不论是责任转移合理化、责任分散合理化还是结果忽视合理化，均与行为人的职务舞弊倾向显著正相关，这与本章的假设 H1 相切合。

表 5-8　认知合理化与职务舞弊倾向（责任扭曲）

变量名称	M1-1	M2-1	M3-1
	Fraud_DPR	*Fraud_DFR*	*Fraud_IC*
DPR	0.309***		
	（5.18）		

变量名称	M1–1 Fraud_DPR	M2–1 Fraud_DFR	M3–1 Fraud_IC
DFR		0.451*** （7.33）	
IC			0.489*** （5.31）
Gender	−0.076 （−0.34）	−0.238 （−1.01）	0.356 （1.51）
Age	−0.401* （−1.66）	−0.274 （−1.14）	−0.312 （−1.29）
Educa	0.395** （2.15）	0.302 （1.48）	0.283 （1.37）
Work_s	0.157 （1.09）	0.166 （1.11）	−0.037 （−0.25）
Rank	0.224 （0.90）	0.144 （0.54）	0.358 （1.44）
Rev	−0.002 （−0.02）	−0.032 （−0.36）	0.060 （0.71）
Faith	0.103 （0.33）	−0.442 （−1.45）	−0.726** （−1.97）
Equity	0.196 （0.86）	0.327 （1.44）	0.285 （1.26）
Desira	1.100*** （2.64）	1.654*** （4.26）	1.492*** （3.73）
Industry	控制	控制	控制

续表

变量名称	M1-1	M2-1	M3-1
	Fraud_DPR	*Fraud_DFR*	*Fraud_IC*
_cons	1.203	0.724	1.013
	（1.22）	（0.72）	（0.93）
N	355	355	355
R^2	0.189	0.250	0.233
Adj R^2	0.116	0.183	0.165

　　研究采用式（5-2）来检验责任扭曲维度下认知合理化对情绪的影响，其中，模型 M1-2、M2-2、M3-2 分别用于检验责任扭曲维度下，责任转移合理化、责任分散合理化、结果扭曲合理化对负性情绪的影响。

　　表 5-9 报告了模型 M1-2、M2-2、M3-2 的回归结果。在模型 M1-1 中，责任转移合理化（*DPR*）与负性情绪在 1% 水平上显著为负，回归系数为 -0.184，这表明责任转移合理化对行为人的舞弊负性情绪具有显著的负向影响，与假设 H2a 的预期一致。进一步，在模型 M2-2 中，责任分散合理化（*DFR*）的回归系数为 -0.290，且在 1% 的水平上显著，验证了假设 H2b；同样，在模型 M3-2 中，结果忽视合理化（*IC*）也在 1% 的水平上显著为负，支持了假设 H2c。综合上述，可以看出，不论是责任转移合理化、责任分散合理化还是结果忽视合理化，均与行为人的负性情绪显著负相关，这与本章的假设 H2 相切合。

表 5-9　认知合理化与负性情绪（责任扭曲）

变量名称	M1-2	M2-2	M3-2
	Neg_DPR	*Neg_DFR*	*Neg_IC*
DPR	-0.184***		
	（-3.04）		

变量名称	M1-2	M2-2	M3-2
	Neg_DPR	*Neg_DFR*	*Neg_IC*
DFR		−0.290***	
		（−4.50）	
IC			−0.448***
			（−5.14）
Gender	0.231	0.208	0.078
	（1.00）	（0.91）	（0.33）
Age	−0.057	−0.191	−0.351
	（−0.24）	（−0.83）	（−1.51）
Educa	−0.036	−0.068	−0.215
	（−0.18）	（−0.35）	（−1.08）
Work_s	−0.155	0.045	0.141
	（−1.03）	（0.30）	（0.92）
Rank	0.430*	0.090	−0.072
	（1.79）	（0.41）	（−0.30）
Rev	0.050	0.043	0.051
	（0.64）	（0.54）	（0.65）
Faith	−0.267	−0.456	−0.604
	（−0.79）	（−1.28）	（−1.55）
Equity	−0.236	−0.215	−0.536**
	（−1.06）	（−0.95）	（−2.35）
Desira	0.381	0.064	−0.133
	（0.93）	（0.15）	（−0.32）
Industry	控制	控制	控制

续表

变量名称	M1-2	M2-2	M3-2
	Neg_DPR	*Neg_DFR*	*Neg_IC*
_cons	5.780***	6.118***	7.301***
	（5.65）	（5.88）	（7.00）
N	355	355	355
R^2	0.133	0.156	0.189
Adj R^2	0.056	0.081	0.117

（二）责任扭曲维度下认知合理化对职务舞弊行为影响的作用机理

为检验责任扭曲维度下，负性情绪是否是嫁接认知合理化与职务舞弊倾向二者关系的桥梁。本章借鉴温忠麟和叶宝娟（2014）的中介效应检验方法，通过式（5-1）、式（5-2）、式（5-3）组成联合方程来检验上述中介效应。

表5-8、表5-9、表5-10分步报告了负性情绪对职务舞弊倾向影响的中介效应。在责任转移合理化层面，首先，以责任转移合理化（DPR）作为解释变量，对被解释变量职务舞弊倾向（Fraud_DPR）进行回归，责任转移合理化（DPR）的系数为0.309，且在1%的水平上显著（见表5-8模型M1-1），表明责任转移合理化与职务舞弊倾向正相关；然后，以负性情绪（Neg_DPR）为被解释变量，对解释变量责任转移合理化（DPR）做回归，责任转移合理化（DPR）的系数为 -0.184，且在1%的水平上显著（见表5-9模型M1-2），表明责任转移合理化与负性情绪负相关；最后，以职务舞弊倾向（Fraud_DPR）为被解释变量，对解释变量责任转移合理化（DPR）、中介变量负性情绪（Neg_DPR）做回归，责任转移合理化（DPR）和负性情绪（Neg_DPR）的系数分别为0.277和 -0.173，且均在1%的水平上显著（见表5-10模型M1-3），说明负性情绪在责任转移

合理化与职务舞弊倾向之间具有部分中介效应，与假设 H3a 的预期一致。

表 5-10 负性情绪中介效应分析表（责任扭曲）

变量名称	M1-3	M2-3	M3-3
	Fraud_DPR	Fraud_DFR	Fraud_IC
DPR	0.277***		
	（4.53）		
Neg_DPR	−0.173***		
	（−2.81）		
DFR		0.413***	
		（6.43）	
Neg_DFR		−0.130**	
		（−2.11）	
IC			0.417***
			（4.43）
Neg_IC			−0.160**
			（−2.46）
Gender	−0.036	−0.211	0.369
	（−0.16）	（−0.90）	（1.58）
Age	−0.411*	−0.299	−0.368
	（−1.69）	（−1.24）	（−1.50）
Educa	0.389**	0.293	0.248
	（2.18）	（1.46）	（1.21）
Work_s	0.131	0.172	−0.014
	（0.90）	（1.15）	（−0.10）
Rank	0.298	0.156	0.346
	（1.21）	（0.59）	（1.40）

变量名称	M1-3	M2-3	M3-3
	Fraud_DPR	*Fraud_DFR*	*Fraud_IC*
Rev	0.007	−0.027	0.068
	（0.08）	（−0.31）	（0.81）
Faith	0.057	−0.501	−0.823**
	（0.18）	（−1.61）	（−2.20）
Equity	0.155	0.299	0.199
	（0.70）	（1.33）	（0.89）
Desira	1.166***	1.662***	1.471***
	（2.77）	（4.28）	（3.66）
Industry	控制	控制	控制
_cons	2.201**	1.521	2.180*
	（2.15）	（1.43）	（1.84）
N	355	355	355
R^2	0.214	0.263	0.253
Adj R^2	0.141	0.194	0.183

在责任分散合理化层面，首先，以责任分散合理化（*DFR*）作为解释变量，对被解释变量职务舞弊倾向（*Fraud_DFR*）进行回归，责任分散合理化（*DFR*）的系数为 0.451，且在 1% 的水平上显著（见表 5-8 模型 M2-1）；然后，以负性情绪（*Neg_DFR*）为被解释变量，对解释变量责任分散合理化（*DFR*）做回归，责任分散合理化（*DFR*）的系数为 −0.290，且在 1% 的水平上显著（见表 5-9 模型 M2-2）；最后，以职务舞弊倾向（*Fraud_DFR*）为被解释变量，对解释变量责任分散合理化（*DFR*）、中介变量负性情绪（*Neg_DFR*）做回归，责任分散合理化（*DFR*）和负性情绪（*Neg_DFR*）的系数分别为 0.413 和 −0.130，且分别在 1% 和 5% 的水平上

显著（见表 5-10 模型 M2-3），说明负性情绪在责任分散合理化与职务舞弊倾向之间具有部分中介效应，验证了假设 H3b。

在结果忽视合理化层面，结果忽视合理化（IC）与职务舞弊倾向（Fraud_IC）在 1% 的水平上显著为正，系数为 0.489（见表 5-8 模型 M3-1）；结果忽视合理化（IC）与负性情绪（Fraud_IC）在 1% 的水平上显著为负，系数为 -0.448（见表 5-9 模型 M3-2）；最后，以职务舞弊倾向（Fraud_IC）为被解释变量，对解释变量结果忽视合理化（IC）、中介变量负性情绪（Neg_IC）做回归，结果忽视合理化（IC）和负性情绪（Neg_IC）的系数分别为 0.417 和 -0.160，且分别在 1% 和 5% 的水平上显著（见表 5-10 模型 M3-3），说明负性情绪在结果忽视合理化与职务舞弊倾向之间具有部分中介效应，支持了假设 H3c。

综合上述，可以看出，在责任扭曲维度下，负性情绪在认知合理化与职务舞弊倾向之间均具有部分中介作用，这与本章的假设 H3 相切合。

进一步，本章采用 Sobel 法和 Bootstrap 法对中介效应进行稳健性检验。表 5-11、表 5-12 分别报告了 Sobel 法和 Bootstrap 法的中介效应检验结果，结果表明，在两种检验方法下，三组模型的 $\beta_1 \gamma_2$ 乘积系数均在 10% 水平上显著拒绝原假设（$H_0 : \beta_1 \gamma_2 = 0$），即表明变量间的中介效应显著存在。综合上述结论可以认定，不论是责任转移合理化（DPR）、责任分散合理化（DFR）还是结果忽视合理化（MC），负性情绪在认知合理化与职务舞弊倾向之间均具有中介作用，假设 H3 得以验证。

表 5-11　Sobel 中介效应检验

检验项	Coef.	Std. Err.	Z	P＞|Z|
DPR	0.032	0.014	2.339	0.019
DFR	0.042	0.017	2.385	0.017
IC	0.072	0.027	2.652	0.008

表 5-12 Bootstrap 中介效应检验

检验项	Coef.	Boot. SE	Z	P＞｜Z｜	Replications
DPR	0.032	0.016	1.97	0.048	
DFR	0.042	0.022	1.92	0.054	1000
IC	0.072	0.032	2.24	0.025	

三、敏感性差异研究

本章基于前述模型的回归结果，采用似无相关模型（SUR）检验责任扭曲维度下，不同认知合理化对职务舞弊行为影响的敏感性差异。检验结果如表 5-13 所示，检验组组 1 的 Chi^2 值为 4.72，组间差异显著性为 0.030，在 5％水平下显著，且责任分散合理化（*DFR*）的回归系数 0.451 大于责任转移合理化（*DPR*）的回归系数 0.309，说明在责任扭曲维度下，责任分散合理化对职务舞弊行为的影响要显著大于责任转移合理化。同样，检验组组 2 的 Chi^2 值为 3.76，组间差异显著性为 0.052，在 10％水平下显著，且结果忽视合理化（*IC*）的回归系数 0.489 大于责任转移合理化（*DPR*）的回归系数 0.309，说明在责任扭曲维度下，结果忽视合理化对职务舞弊行为的影响要显著大于责任转移合理化。再者，检验组组 3 的 Chi^2 值为 0.20，组间差异显著性为 0.657，说明在责任扭曲维度下，责任分散合理化与结果忽视合理化在对职务舞弊行为的影响上不存在显著性差异。综合上述，可以发现，在责任扭曲维度下，虽然责任转移、责任分散及结果忽视合理化均能对职务舞弊倾向产生影响，但其影响效应存在敏感性差异。相比之下，责任分散与结果忽视合理化的影响相对较高，而责任转移合理化的影响则相对较低。

表 5-13　基于 SUR 模型的组间系数差异检验

检验组	检验项	N	回归系数			Chi²	组间差异显著性	结论
			Coef.	T 值	Sig.			
组 1	*DPR*	355	0.309	5.40	***	4.72	0.030	*DFR>DPR*
	DFR	355	0.451	7.65	***			
组 2	*DPR*	355	0.309	5.40	***	3.76	0.052	*IC>DPR*
	IC	355	0.489	5.54	***			
组 3	*DFR*	355	0.451	7.65	***	0.20	0.657	无显著差异
	IC	355	0.489	5.54	***			

四、稳健性测试

为了增强研究结论的可靠性，本章进行了如下稳健性测试。

第一，运用因子分析法，合成认知合理化和负性情绪的度量指标。重新定义变量符号如下：责任转移合理化（DPR_f）、责任分散合理化（DFR_f）、结果忽视合理化（IC_f），负性情绪的变量符号定义为 Neg_DPR_f、Neg_DFR_f、Neg_IC_f。公因子提取采用主成分分析法，基于特征值大于 1，变量 DPR_f、DFR_f、IC_f、Neg_DPR_f、Neg_DFR_f、Neg_IC_f 均提取出一个公因子。根据因子载荷矩阵，分别用 P_n、F_n、I_n、NP_n、NF_n、NI_n 代表相应因子的第 n 个题项，因子合成表达式如下：

$$DPR_f = 0.264P_1 + 0.285P_2 + 0.292P_3 + 0.291P_4 \qquad (5-4)$$

$$DFR_f = 0.378F_1 + 0.388F_2 + 0.380F_3 \qquad (5-5)$$

$$IC_f = 0.392I_1 + 0.383I_2 + 0.390I_3 \qquad (5-6)$$

$$Neg\_DPR_f = 0.342NP_1 + 0.348NP_2 + 0.344NP_3 \qquad (5-7)$$

$$Neg\_DFR_f = 0.338NF_1 + 0.341NF_2 + 0.339NF_3 \qquad (5-8)$$

$$Neg\_IC_f = 0.337NI_1 + 0.338NI_2 + 0.337NI_3 \qquad (5-9)$$

表 5-14 列示了责任扭曲维度下，认知合理化对行为和情绪影响的回归结果；表 5-15 列示了责任扭曲维度下，负性情绪对职务舞弊倾向影响的中介效应检验，回归结果与前文一致，研究结论保持不变。

表 5-14 稳健性检验 1：认知合理化对行为和情绪影响（责任扭曲）

变量名称	M1-1 Fraud_DPR	M2-1 Fraud_DFR	M3-1 Fraud_IC	M1-2 Neg_DPR_f	M2-2 Neg_DFR_f	M3-2 Neg_IC_f
DPR_f	0.534***			−0.175***		
	（5.19）			（−3.06）		
DFR_f		0.720***			−0.248***	
		（7.31）			（−4.47）	
IC_f			0.555***			−0.258***
			（5.20）			（−5.02）
Gender	−0.077	−0.236	0.358	0.127	0.112	0.039
	（−0.34）	（−1.00）	（1.51）	（1.00）	（0.90）	（0.32）
Age	−0.403*	−0.274	−0.311	−0.031	−0.103	−0.179
	（−1.67）	（−1.14）	（−1.28）	（−0.24）	（−0.83）	（−1.51）
Educa	0.395**	0.305	0.285	−0.020	−0.038	−0.110
	（2.14）	（1.49）	（1.38）	（−0.18）	（−0.36）	（−1.08）
Work_s	0.157	0.166	−0.038	−0.085	0.024	0.072
	（1.09）	（1.11）	（−0.26）	（−1.02）	（0.30）	（0.93）
Rank	0.225	0.145	0.356	0.236*	0.048	−0.036
	（0.90）	（0.55）	（1.43）	（1.78）	（0.41）	（−0.29）
Rev	−0.002	−0.032	0.061	0.027	0.023	0.026
	（−0.02）	（−0.36）	（0.72）	（0.63）	（0.55）	（0.64）

变量名称	M1-1	M2-1	M3-1	M1-2	M2-2	M3-2
	Fraud_DPR	*Fraud_DFR*	*Fraud_IC*	*Neg_DPR$_f$*	*Neg_DFR$_f$*	*Neg_IC$_f$*
Faith	0.103	−0.446	−0.722*	−0.146	−0.245	−0.310
	(0.33)	(−1.47)	(−1.96)	(−0.79)	(−1.28)	(−1.55)
Equity	0.196	0.327	0.279	−0.130	−0.116	−0.270**
	(0.85)	(1.44)	(1.23)	(−1.06)	(−0.95)	(−2.32)
Desira	1.097***	1.652***	1.500***	0.211	0.035	−0.072
	(2.63)	(4.26)	(3.74)	(0.93)	(0.15)	(−0.34)
Industry	控制	控制	控制	控制	控制	控制
_cons	2.140**	2.006**	2.064*	0.033	0.174	0.894*
	(2.27)	(2.02)	(1.93)	(0.06)	(0.32)	(1.69)
N	355	355	355	355	355	355
R²	0.189	0.250	0.230	0.133	0.156	0.186
Adj R²	0.117	0.183	0.161	0.056	0.080	0.113

表 5-15　稳健性检验 1：负性情绪中介效应检验（责任扭曲）

变量名称	M1-3	M2-3	M3-3
	Fraud_DPR	*Fraud_DFR*	*Fraud_IC*
DPR$_f$	0.480***		
	(4.55)		
Neg_DPR$_f$	−0.313***		
	(−2.80)		
DFR$_f$		0.660***	
		(6.41)	

续表

变量名称	M1-3	M2-3	M3-3
	Fraud_DPR	*Fraud_DFR*	*Fraud_IC*
Neg_DFR$_f$		−0.242**	
		（−2.11）	
IC$_f$			0.472***
			（4.33）
Neg_IC$_f$			−0.321**
			（−2.51）
Gender	−0.037	−0.209	0.370
	（−0.17）	（−0.89）	（1.58）
Age	−0.413*	−0.299	−0.368
	（−1.70）	（−1.25）	（−1.50）
Educa	0.388**	0.296	0.249
	（2.18）	（1.47）	（1.22）
Work_s	0.131	0.172	−0.015
	（0.90）	（1.15）	（−0.10）
Rank	0.299	0.157	0.344
	（1.21）	（0.60）	（1.39）
Rev	0.007	−0.027	0.069
	（0.09）	（−0.31）	（0.82）
Faith	0.058	−0.505	−0.821**
	（0.18）	（−1.62）	（−2.20）
Equity	0.155	0.299	0.192
	（0.69）	（1.33）	（0.86）
Desira	1.163***	1.660***	1.477***
	（2.76）	（4.28）	（3.67）

基于认知合理化视角的职务舞弊形成机理与控制策略研究

续表

变量名称	M1-3	M2-3	M3-3
	Fraud_DPR	*Fraud_DFR*	*Fraud_IC*
Industry	控制	控制	控制
_cons	2.151**	2.049**	2.351**
	（2.31）	（2.06）	（2.17）
N	355	355	355
R^2	0.214	0.263	0.250
Adj R²	0.141	0.194	0.181

第二，改变控制变量"社会赞许性"的解释方式。将社会赞许性较高的样本（选择"从未有过"题项过半数）予以剔除，共剔除样本 85 个，剩余样本 270 个。本章对剩余样本进行 Bootstrap 自抽样 1000 次后纳入回归方程。回归结果如表 5-16、表 5-17 所示，估计结果没有发生实质性变化，研究结论与前文一致。

表 5-16　稳健性检验 2：认知合理化对行为和情绪影响（责任扭曲）

变量名称	M1-1	M2-1	M3-1	M1-2	M2-2	M3-2
	Fraud_DPR	*Fraud_DFR*	*Fraud_IC*	*Neg_DPR*	*Neg_DFR*	*Neg_IC*
DPR	0.337***			−0.133**		
	（4.88）			（−2.17）		
DFR		0.462***			−0.288***	
		（6.11）			（−3.68）	
IC			0.400***			−0.397***
			（3.65）			（−3.74）
Gender	−0.100	−0.291	0.333	0.226	0.145	−0.002
	（−0.36）	（−1.02）	（1.15）	（0.90）	（0.62）	（−0.01）

162

续表

变量名称	M1-1	M2-1	M3-1	M1-2	M2-2	M3-2
	Fraud_DPR	*Fraud_DFR*	*Fraud_IC*	*Neg_DPR*	*Neg_DFR*	*Neg_IC*
Age	−0.459*	−0.518*	−0.599**	0.229	−0.056	−0.291
	（−1.65）	（−1.70）	（−2.10）	（0.87）	（−0.19）	（−1.10）
Educa	0.453**	0.347	0.359	−0.154	−0.142	−0.272
	（2.01）	（1.47）	（1.48）	（−0.69）	（−0.62）	（−1.19）
Work_s	0.207	0.264	0.084	−0.293*	−0.014	0.112
	（1.22）	（1.51）	（0.48）	（−1.69）	（−0.08）	（0.65）
Rank	−0.089	−0.291	−0.009	0.561*	0.163	−0.091
	（−0.32）	（−1.00）	（−0.03）	（1.82）	（0.60）	（−0.31）
Rev	0.012	0.104	0.146	−0.101	−0.090	−0.046
	（0.12）	（0.95）	（1.40）	（−1.17）	（−1.00）	（−0.46）
Faith	0.185	−0.431	−0.679	−0.273	−0.054	−0.337
	（0.46）	（−1.20）	（−1.40）	（−0.71）	（−0.15）	（−0.75）
Equity	0.142	0.165	0.006	−0.415*	−0.434*	−0.694**
	（0.53）	（0.57）	（0.02）	（−1.68）	（−1.84）	（−2.57）
Industry	控制	控制	控制	控制	控制	控制
_cons	2.219**	2.542**	2.878**	5.974***	6.292***	7.416***
	（2.03）	（2.17）	（2.28）	（5.22）	（5.31）	（6.36）
Replications	1000	1000	1000	1000	1000	1000
R^2	0.208	0.230	0.196	0.139	0.170	0.182
Adj R^2	0.116	0.141	0.103	0.039	0.073	0.087

表 5-17　稳健性检验 2：负性情绪中介效应检验（责任扭曲）

变量名称	M1-3	M2-3	M3-3
	Fraud_DPR	*Fraud_DFR*	*Fraud_IC*
DPR	0.308***		
	（4.43）		
Neg_DPR	−0.220***		
	（−2.59）		
DFR		0.413***	
		（4.93）	
Neg_DFR		−0.168**	
		（−2.02）	
IC			0.317***
			（2.97）
Neg_IC			−0.209***
			（−2.91）
Gender	−0.050	−0.267	0.333
	（−0.19）	（−0.91）	（1.22）
Age	−0.409	−0.527*	−0.659**
	（−1.26）	（−1.84）	（−2.31）
Educa	0.419**	0.323	0.302
	（2.03）	（1.40）	（1.37）
Work_s	0.142	0.262	0.107
	（0.74）	（1.44）	（0.61）
Rank	0.035	−0.263	−0.028
	（0.13）	（−0.77）	（−0.09）
Rev	−0.011	0.089	0.136
	（−0.11）	（0.80）	（1.35）

续表

变量名称	M1–3	M2–3	M3–3
	Fraud_DPR	*Fraud_DFR*	*Fraud_IC*
Faith	0.125	−0.440	−0.749
	（0.28）	（−1.38）	（−1.62）
Equity	0.050	0.092	−0.139
	（0.20）	（0.33）	（−0.51）
Industry	控制	控制	控制
_cons	3.535***	3.602***	4.428***
	（3.15）	（2.75）	（3.47）
Replications	1000	1000	1000
R^2	0.230	0.250	0.246
Adj R^2	0.137	0.159	0.155

第三，采用 Ordered Probit 模型进行重新估计。由于本研究的被解释变量为排序型离散数据，因此更换更适合此类数据的 Ordered Probit 模型来进行重新估计。Ordered Probit 模型的估计结果如表5–18、表5–19所示，可以发现，估计结果没有发生实质性改变，研究结论与前文一致，这表明本章的研究结论是较为稳健的。

表 5–18　稳健性检验 3：认知合理化对行为和情绪影响（责任扭曲）

变量名称	M1–1	M2–1	M3–1	M1–2	M2–2	M3–2
	Fraud_DPR	*Fraud_ DFR*	*Fraud_IC*	*Neg_DPR*	*Neg_DFR*	*Neg_IC*
DPR	0.190***			−0.130***		
	（5.556）			（−3.775）		
DFR		0.270***			−0.191***	
		（7.066）			（−5.082）	

续表

变量名称	M1-1	M2-1	M3-1	M1-2	M2-2	M3-2
	Fraud_DPR	Fraud_DFR	Fraud_IC	Neg_DPR	Neg_DFR	Neg_IC
IC			0.277***			−0.260***
			（5.331）			（−5.045）
Gender	−0.070	−0.209	0.159	0.107	0.111	0.037
	（−0.552）	（−1.619）	（1.231）	（0.827）	（0.861）	（0.290）
Age	−0.251*	−0.189	−0.180	−0.064	−0.128	−0.221
	（−1.864）	（−1.400）	（−1.333）	（−0.473）	（−0.946）	（−1.643）
Educa	0.245**	0.188*	0.172	−0.027	−0.044	−0.144
	（2.165）	（1.645）	（1.501）	（−0.241）	（−0.384）	（−1.260）
Work_s	0.101	0.122	−0.019	−0.062	0.051	0.094
	（1.235）	（1.483）	（−0.231）	（−0.750）	（0.617）	（1.152）
Rank	0.146	0.076	0.201	0.225*	0.028	−0.052
	（1.121）	（0.574）	（1.533）	（1.698）	（0.209）	（−0.400）
Rev	0.002	−0.023	0.042	0.033	0.030	0.031
	（0.049）	（−0.494）	（0.915）	（0.704）	（0.643）	（0.676）
Faith	0.085	−0.277	−0.379*	−0.147	−0.252	−0.336
	（0.407）	（−1.315）	（−1.790）	（−0.702）	（−1.206）	（−1.605）
Equity	0.101	0.149	0.166	−0.144	−0.138	−0.321**
	（0.764）	（1.122）	（1.240）	（−1.080）	（−1.039）	（−2.419）
Desira	0.689***	0.995***	0.814***	0.095	−0.099	−0.122
	（2.965）	（4.206）	（3.451）	（0.407）	（−0.422）	（−0.523）
Industry	控制	控制	控制	控制	控制	控制
N	355	355	355	355	355	355
LR Chi^2	73.25	98.84	85.37	49.47	63.73	76.82
Pseudo R^2	0.055	0.074	0.064	0.030	0.041	0.047

表 5-19 稳健性检验 3：负性情绪中介效应检验（责任扭曲）

变量名称	M1-3	M2-3	M3-3
	Fraud_DPR	Fraud_DFR	Fraud_IC
DPR	0.173***		
	（4.987）		
Neg_DPR	−0.115***		
	（−3.429）		
DFR		0.246***	
		（6.283）	
Neg_DFR		−0.090***	
		（−2.657）	
IC			0.236***
			（4.406）
Neg_IC			−0.100***
			（−3.065）
Gender	−0.050	−0.197	0.164
	（−0.390）	（−1.521）	（1.274）
Age	−0.259*	−0.209	−0.218
	（−1.917）	（−1.540）	（−1.603）
Educa	0.249**	0.184	0.155
	（2.194）	（1.606）	（1.347）
Work_s	0.082	0.128	−0.006
	（1.002）	（1.546）	（−0.076）
Rank	0.200	0.084	0.200
	（1.521）	（0.632）	（1.525）
Rev	0.007	−0.019	0.047
	（0.159）	（−0.416）	（1.016）

续表

变量名称	M1–3	M2–3	M3–3
	Fraud_DPR	*Fraud_DFR*	*Fraud_IC*
Faith	0.047	−0.320	−0.438**
	（0.227）	（−1.510）	（−2.060）
Equity	0.076	0.132	0.120
	（0.571）	（0.992）	（0.893）
Desira	0.737***	1.011***	0.806***
	（3.161）	（4.267）	（3.412）
Industry	控制	控制	控制
N	355	355	355
LR Chi²	85.00	105.89	94.78
Pseudo R²	0.064	0.079	0.071

第四节 责任扭曲维度下职务舞弊认知合理化的诱发因素探究

本节继续遵循本研究的既定研究框架，探讨在现实环境中，哪些信息情景会构成诱发个体认知合理化的前置变量。在责任扭曲维度下，本节基于责任转移、责任分散、结果忽视合理化三者的内在逻辑，从理论层面选取威权领导、工具型组织伦理氛围、重要性水平设定作为配对信息情景，采用调查和实验研究方法，实证考察了该维度下职务舞弊认知合理化的诱发因素。通过进一步研究，本节基于责任扭曲维度对认知合理化在组织实践中的诱发信息进行了识别、设计和检验，一定程度上能够为认知合理化在现实情景中的显性识别及其有效抑制提供参考。

一、威权领导、责任转移与职务舞弊行为：调查研究证据

本部分将运用调查研究法，沿着"威权领导→责任转移→职务舞弊行为"的研究路径，将权威领导作为信息情景，检验其是否会成为下属责任转移合理化的诱发因素，以及如何进一步影响个体的职务舞弊决策。

（一）理论分析与假设

威权领导是家长式领导中三元理论的核心维度之一（李嘉和杨忠，2018）。威权领导要求下属毫无异议地遵从命令，并对领导保持畏惧。从理论内涵来说，这与我国传统文化中"上尊下卑"的等级制度相吻合，因此也被认定为华人企业高管所拥有的特色领导风格（傅晓等，2012）。威权领导者，其具备如下四个典型特征：第一，独断专权，即喜好独揽大权，独自决定，且对下属保持严密控制；第二，贬低下属，即贬抑下属的价值，对下属的反馈意见不以为意；第三，信息操控，即偏好信息独享，扩大信息差距；第四，教令训导，即对下属的绩效表现要求严格，对表现不好的下属常常加以训诫（傅晓等，2012）。由此，在威权领导的影响下，下属员工极易成为领导意志的盲目执行者。例如，时常的教令训导会使得下属心生畏惧，通过信息操控手段会使得下属无法了解行为的真实意图，而独断专权与贬低下属又会使得员工不具有建言献策的权利。沿此逻辑，当威权领导指使下属实施职务舞弊行为时，这种敬畏和服从感会增强下属实施职务舞弊行为的倾向性。但是由于舞弊行为是被迫的，员工会将这种不当行为的责任转移给发号施令的领导者。综上所述，本章认为，当员工收到上级的舞弊行为指令时，上级的威权领导程度越高，则下属的责任转移合理化程度越高，因而促使其实施职务舞弊行为的倾向性越大。

基于上述分析，本章进一步提出如下假设：

H4a：威权领导对下属的责任转移合理化具有正向影响。

H4b：当下属收到上级的舞弊行为指令时，威权领导对下属责任转移合理化的影响会进一步诱使其职务舞弊倾向增强。

（二）变量设计及说明

1. 被解释变量

假设 H4a 的被解释变量为责任转移合理化。采用第三章量表题项的算术平均值和因子合成值作为责任转移合理化的代理变量，变量符号分别为 DPR 和 DPR_f。

假设 H4b 的被解释变量为职务舞弊倾向。采用被试者在责任转移情景下的职务舞弊倾向作为其测量指标，变量符号为 $Fraud\_DPR$。

2. 解释变量

假设 H4a、假设 H4b 的解释变量为威权领导。本章采用傅晓等（2012）的量表进行测量，共五道题项，如"开会时，都照他／她的意思做最后的决定"、"他／她从不把信息透露给我们"等，采用李克特七点评定计分。信效度检验结果如表 5-20 所示，在本次测试中，威权领导量表的克隆巴赫 α 系数为 0.85，表明具有较高的内部一致性；KMO 值为 0.78 且在 1% 的水平上显著，说明适合进行因子分析，因子分析结果表明，威权领导项目的因子载荷均大于 0.5，说明各项目对所测因子而言均是重要的。

表 5-20 威权领导测量的因子载荷及其信效度

因子	测量项目	因子载荷	克隆巴赫 α 系数	KMO 统计量
威权领导	AL_1	0.72	0.85	0.78***
	AL_2	0.83		
	AL_3	0.85		
	AL_4	0.75		
	AL_5	0.80		

威权领导的测量分别采用如下两种方法：方法一，取测量题项的算术平均值作为威权领导的代理变量，变量符号为 AL。方法二，取测量题项的因子合成值作为威权领导的代理变量，变量符号为 AL_f，具体程序为：基于特征值大于 1，采用主成分分析法进行公因子提取，共提取出一个公因子，累计贡献率 62.534％。根据因子载荷矩阵，AL_f 代表威权领导的因子合成值，A_n 代表第 n 个测量题项，因子合成表达式如下：

$$AL_f = 0.229A_1 + 0.265A_2 + 0.273A_3 + 0.239A_4 + 0.256A_5 \qquad （5-10）$$

3. 中介变量

假设 H4b 的中介变量为责任转移合理化。分别采用量表题项的算术平均值和因子合成值作为责任转移合理化的代理变量。

4. 控制变量

控制变量的选取与前文一致。

（三）研究模型

为检验前述研究假设，本研究建立了如下中介效应模型：式（5-11）用于检验假设 H4a；式（5-11）、式（5-12）、式（5-13）联合用于检验假设 H4b：

$$DPR_i = \beta_0 + \beta_1 AL_i + \beta_2 Desira_i + \sum \beta Control_i + \varepsilon_i \qquad （5-11）$$

$$Fraud\_DPR_i = \alpha_0 + \alpha_1 AL_i + \alpha_2 Desira_i + \sum \alpha Control_i + \varepsilon_i \qquad （5-12）$$

$$Fraud\_DPR_i = \gamma_0 + \gamma_1 AL_i + \gamma_2 DPR_i + \gamma_3 Desira_i + \sum \gamma Control_i + \varepsilon_i \qquad （5-13）$$

（四）实证结果与分析

考虑到研究情景设计的匹配性，本部分剔除了属于公司最高领导者的观测样本。表 5-21 报告了责任转移合理化中介效应的回归分析结果，首先，以威权领导（AL）作为解释变量，对被解释变量责任转移合理化（DPR）进行回归，威权领导（AL）的系数为 0.331，且在 1％的水平上显

171

著，表明威权领导对下属的责任转移合理化具有正向影响，假设 H4a 得到检验；其次，以职务舞弊倾向（*Fraud_DPR*）为被解释变量，对解释变量威权领导（*AL*）做回归，威权领导（*AL*）的系数为 0.291，且在 1% 的水平上显著，表明威权领导对下属的职务舞弊倾向具有正向影响；最后，以职务舞弊倾向（*Fraud_DPR*）为被解释变量，对解释变量威权领导（*AL*）、中介变量责任转移合理化（*DPR*）做回归，威权领导（*AL*）和责任转移合理化（*DPR*）的系数分别为 0.193 和 0.297，且分别在 5%、1% 的水平上显著，说明责任转移合理化在威权领导和职务舞弊倾向之间具有部分中介效应，这与假设 H4b 的理论预期一致。

表 5-21 责任转移合理化中介效应分析表 I（算术平均值）

变量名称	M4-1	M4-2	M4-3
	DPR	*Fraud_DPR*	*Fraud_DPR*
AL	0.331***	0.291***	0.193**
	（4.438）	（3.796）	（2.482）
DPR			0.297***
			（5.067）
Gender	0.015	−0.039	−0.044
	（0.069）	（−0.173）	（−0.199）
Age	−0.124	−0.549**	−0.512**
	（−0.584）	（−2.222）	（−2.208）
Educa	0.094	0.463**	0.436**
	（0.509）	（2.322）	（2.333）
Work_s	0.064	0.226	0.206
	（0.485）	（1.538）	（1.476）
Rank	−0.245	0.085	0.158
	（−1.056）	（0.323）	（0.627）

续表

变量名称	M4–1	M4–2	M4–3
	DPR	*Fraud_DPR*	*Fraud_DPR*
Rev	0.031	0.072	0.063
	（0.413）	（0.871）	（0.770）
Faith	0.254	0.138	0.063
	（0.689）	（0.398）	（0.201）
Equity	−0.290	0.121	0.207
	（−1.476）	（0.530）	（0.922）
Desira	0.193	1.084**	1.027**
	（0.533）	（2.574）	（2.423）
Industry	控制	控制	控制
_cons	2.190*	2.365**	1.714
	（1.822）	（2.091）	（1.643）
N	345	345	345
R^2	0.130	0.167	0.235
Adj R^2	0.050	0.090	0.162

进一步，研究将关键变量的测量替换成因子合成值，重新回归如表
5–22 所示，结果显示，研究结论未发生改变。

表 5–22　责任转移合理化中介效应分析表 II（因子合成值）

变量名称	M4–1	M4–2	M4–3
	DPR_f	*Fraud_DPR*	*Fraud_DPR*
AL_f	0.251***	0.382***	0.253**
	（4.438）	（3.805）	（2.488）

续表

变量名称	M4-1	M4-2	M4-3
	DPR_f	$Fraud\_DPR$	$Fraud\_DPR$
DPR_f			0.516***
			（5.092）
Gender	0.011	−0.039	−0.044
	（0.086）	（−0.170）	（−0.200）
Age	−0.068	−0.548**	−0.514**
	（−0.550）	（−2.220）	（−2.215）
Educa	0.053	0.462**	0.434**
	（0.500）	（2.312）	（2.325）
Work_s	0.037	0.225	0.206
	（0.484）	（1.533）	（1.471）
Rank	−0.145	0.085	0.159
	（−1.079）	（0.320）	（0.631）
Rev	0.017	0.072	0.063
	（0.393）	（0.870）	（0.775）
Faith	0.145	0.137	0.062
	（0.680）	（0.395）	（0.200）
Equity	−0.165	0.122	0.207
	（−1.455）	（0.533）	（0.922）
Desira	0.119	1.085**	1.024**
	（0.568）	（2.577）	（2.416）
Industry	控制	控制	控制
_cons	0.289	3.569***	3.420***
	（0.424）	（3.212）	（3.388）
N	345	345	345
R^2	0.130	0.167	0.236
Adj R^2	0.050	0.091	0.163

二、工具型组织伦理氛围、责任分散与职务舞弊行为：调查研究证据

本部分将以"工具型组织伦理氛围→责任分散→职务舞弊行为"为研究路径，运用调查研究法，考察工具型组织伦理氛围对行为人责任分散合理化的效用，同时，检验其对个体的职务舞弊行为决策的影响逻辑。

（一）理论分析与假设

组织伦理氛围用于描述组织成员在处理伦理行为与伦理问题上的主导性思维模式，并由此影响着行为人在进行道德决策时的动机、信念与行为（刘文彬和井润田，2010），而工具型组织伦理氛围是组织伦理氛围五元模式中最具代表性的核心维度之一。已有经验结果表明，在中国特色的组织情景下，工具型与关怀型是最为常见的两类伦理氛围（石磊，2016）。不过，与强调利他主义精神的关怀型组织伦理氛围不同，工具型组织伦理氛围强调，组织成员行为处事以利己主义为核心，凡事讲究以个人利益最大化为目标，而不会对他人的利益加以考量。由此而来，在一个组织团队内部中，工具型伦理氛围越高，组织成员的自利性行为也就愈加盛行。与此同时，通过社会学习，采取观望态度的其他组织成员也会逐渐进行模仿，而在这样的组织伦理氛围下，"牺牲别人、成全自己"将被视为合情合理。而每一个违背道德的个体更容易将实施不道德行为的责任归咎于整个组织环境，从而诱使其责任分散合理化倾向增强。

已有研究发现，在工具型伦理氛围的组织环境中，员工实施不道德行为的可能性更高。究其原因，一方面，在自利氛围的驱使下，组织成员过分专注于自身利益的实现程度，忽略了对行为道德性的考量，加之由于缺少有效的伦理问责制，员工整体会表现出较低的伦理道德意识（魏峰和朱千林，2019）；另一方面，工具型组织伦理氛围会使得组织成员的责

任分散合理化程度升高、道德自律能力下降。由此而来，可以合理预期的是，当组织当中的工具型伦理氛围越高时，组织成员则越有"条件"通过责任分散合理化来实现自我说服，进而导致其实施职务舞弊行为的倾向性增强。

基于上述分析，本章进一步提出如下假设：

H5a：工具型组织伦理氛围对行为人的责任分散合理化具有正向影响。

H5b：工具型组织伦理氛围对责任分散合理化的影响会进一步诱使其职务舞弊行为倾向增强。

（二）变量设计及说明

1. 被解释变量

假设 H5a 的被解释变量为责任分散合理化。分别使用量表题项的算术平均值和因子合成值作为责任分散合理化的替代变量，变量符号分别为 *DFR* 和 *DFR$_f$*。

假设 H5b 的被解释变量为职务舞弊倾向。采用被试者在责任分散情景下的职务舞弊倾向作为其度量指标，变量符号为 *Fraud_DFR*。

2. 解释变量

假设 H5a、假设 H5b 的解释变量均为工具型组织伦理氛围。本章采用采用维克托和卡伦（Victor，Cullen，1988）编制的组织伦理氛围量表进行测量，共 3 道题项，如"这里的人们保护自己的利益胜于他人的利益""在这里，个人的道德或伦理是不被重视的"等，采用李克特七点评定计分。在本次样本测试中，工具型组织伦理氛围的克隆巴赫 α 系数为 0.77，表明测量的内部一致性程度可以接受；KMO 值为 0.65 且在 1% 的水平上显著，说明测量题项适合进行因子分析。因子分析结果表明，测量项目的因子载荷均大于 0.50，说明各项目对于所测因子而言均是重要的，如表 5-23 所示。

表 5-23　工具型组织伦理氛围的因子载荷及其信效度

因子	测量项目	因子载荷	克隆巴赫 α 系数	KMO 统计量
工具型组织伦理氛围	IEC_1	0.93	0.77	0.65***
	IEC_2	0.95		
	IEC_3	0.79		

后续工具型组织伦理氛围的测度采用如下两种方法：方法一，取测量题项的算术平均值作为工具型组织伦理氛围的代理变量，变量符号为 IEC。方法二，取测量题项的因子合成值作为工具型组织伦理氛围的代理变量，变量符号为 IEC_f，具体程序为：基于特征值大于 1，采用主成分分析法进行公因子提取，共提取出一个公因子，累计贡献率 79.514%。根据因子载荷矩阵，IEC_n 代表工具型组织伦理氛围的因子合成值，I_n 代表第 n 个测量题项，因子合成表达式如下：

$$IEC_f = 0.389I_1 + 0.397I_2 + 0.333I_3 \tag{5-14}$$

3. 中介变量

假设 H5b 的中介变量为责任分散合理化，分别使用量表题项的算术平均值和因子合成值作为责任分散合理化的替代变量。

4. 控制变量

控制变量的选取与前文一致。

（三）研究模型

为检验前述研究假设，本研究建立了如下中介效应模型：式（5-15）用于检验假设 H5a；式（5-15）、式（5-16）、式（5-17）联合用于检验假设 H5b：

$$DFR_i = \beta_0 + \beta_1 IEC_i + \beta_2 Desira_i + \sum \beta Control_i + \varepsilon_i \tag{5-15}$$

$$Fraud\_DFR_i = \alpha_0 + \alpha_1 IEC_i + \alpha_2 Desira_i + \sum \alpha Control_i + \varepsilon_i \tag{5-16}$$

$$Fraud\_DFR_i = \gamma_0 + \gamma_1 IEC_i + \gamma_1 DFR_i + \gamma_3 Desira_i + \sum \gamma Control_i + \varepsilon_i \tag{5-17}$$

（四）实证结果与分析

表5-24报告了责任分散合理化中介效应的回归分析结果，首先，以工具型组织伦理氛围（*IEC*）作为解释变量，对被解释变量责任分散合理化（*DFR*）进行回归，工具型组织伦理氛围（*IEC*）的估计系数为0.479，且在1%的水平上显著，表明工具型组织伦理氛围对行为人的责任分散合理化具有正向影响，假设H5a得到检验；其次，以职务舞弊倾向（*Fraud_DFR*）为被解释变量，对解释变量工具型组织伦理氛围（*IEC*）做回归，工具型组织伦理氛围（*IEC*）的系数为0.329，且在1%的水平上显著，表明工具型组织伦理氛围对行为人的职务舞弊倾向具有正向影响；最后，以职务舞弊行为倾向（*Fraud_DFR*）为被解释变量，对解释变量工具型组织伦理氛围（*IEC*）、中介变量责任分散合理化（*DFR*）做回归，工具型组织伦理氛围（*IEC*）和责任分散合理化（*DFR*）的估计系数分别为0.141和0.392，且分别在10%、1%的水平上显著，说明工具型组织伦理氛围对职务舞弊倾向的影响，部分通过责任分散合理化的中介效应发挥，这与假设H5b的理论预期一致。

表5-24　责任分散合理化中介效应分析表 I（算术平均值）

变量名称	M5-1	M5-2	M5-3
	DFR	*Fraud_DFR*	*Fraud_DFR*
IEC	0.479***	0.329***	0.141*
	（9.74）	（4.64）	（1.83）
DFR			0.392***
			（5.66）
Gender	0.061	−0.194	−0.218
	（0.34）	（−0.80）	（−0.93）

变量名称	M5-1	M5-2	M5-3
	DFR	*Fraud_DFR*	*Fraud_DFR*
Age	−0.068	−0.275	−0.248
	（−0.38）	（−1.12）	（−1.05）
Educa	−0.180	0.165	0.236
	（−1.19）	（0.74）	（1.12）
Work_s	0.048	0.175	0.156
	（0.45）	（1.13）	（1.05）
Rank	−0.424**	−0.056	0.110
	（−2.40）	（−0.20）	（0.41）
Rev	0.018	−0.021	−0.028
	（0.27）	（−0.22）	（−0.31）
Faith	0.431	−0.268	−0.437
	（1.48）	（−0.79）	（−1.42）
Equity	−0.208	0.254	0.335
	（−1.18）	（1.09）	（1.49）
Desira	−0.038	1.510***	1.524***
	（−0.12）	（3.72）	（3.87）
Industry	控制	控制	控制
_cons	1.913**	1.322	0.573
	（2.43）	（1.23）	（0.56）
N	355	355	355
R^2	0.267	0.185	0.258
Adj R²	0.202	0.112	0.190

进一步，研究将变量度量替换成因子合成值，重新回归如表 5-25 所示，结果显示，估计结果没有发生实质性变化。

表 5-25　责任分散合理化中介效应分析表 II（因子合成值）

变量名称	M5-1	M5-2	M5-3
	DFR_f	$Fraud\_DFR$	$Fraud\_DFR$
IEC_f	0.464***	0.512***	0.224*
	（9.83）	（4.69）	（1.88）
DFR_f			0.622***
			（5.61）
Gender	0.032	−0.197	−0.217
	（0.28）	（−0.82）	（−0.93）
Age	−0.043	−0.275	−0.248
	（−0.38）	（−1.12）	（−1.05）
Educa	−0.121	0.161	0.237
	（−1.27）	（0.72）	（1.12）
Work_s	0.031	0.176	0.157
	（0.46）	（1.14）	（1.05）
Rank	−0.269**	−0.057	0.110
	（−2.41）	（−0.21）	（0.41）
Rev	0.011	−0.021	−0.028
	（0.27）	（−0.23）	（−0.32）
Faith	0.279	−0.265	−0.438
	（1.52）	（−0.79）	（−1.43）
Equity	−0.131	0.254	0.336
	（−1.19）	（1.09）	（1.49）
Desira	−0.023	1.504***	1.518***
	（−0.11）	（3.71）	（3.86）
Industry	控制	控制	控制

续表

变量名称	M5-1	M5-2	M5-3
	DFR_f	$Fraud\_DFR$	$Fraud\_DFR$
_cons	0.656	2.683**	2.275**
	（1.30）	（2.53）	（2.26）
N	355	355	355
R^2	0.269	0.186	0.259
$Adj\ R^2$	0.204	0.114	0.190

三、重要性水平设定、结果忽视与职务舞弊行为：实验研究证据

本部分通过实验室实验，对"重要性水平设定→结果忽视→职务舞弊行为"这一作用路径进行分析和考察，具体地，检验重要性水平设定与行为人结果忽视合理化的因果关系，以及如何影响个体的职务舞弊行为决策。

（一）理论分析与实验假说

结果忽视合理化是通过忽视行为影响或否认他人受害的方式来减轻自身的道德责任，典型表现为舞弊个体会自认为其所实施的行为不会对其他人造成实质性伤害，并借此托辞来缓释内在心理的道德谴责感。基于该定义，理论上，任何用于划分影响程度的标准都有可能赋予行为人"不影响"或"影响程度轻微"的一个阈值（界限），而在此阈值以下，则潜存着诱发行为人结果忽视合理化的可能性。具体到舞弊决策情景，"重要性水平"这一审计概念则属于此类标准，该指标专门用于衡量会计信息错报与舞弊的严重程度。一般认为，低于重要性水平的会计信息错报金额将不足以对会计信息使用者的决策和判断产生实质性影响。因此，理论上，如

果潜在舞弊者的舞弊金额在重要性水平之下，就潜存着诱发其产生结果忽视合理化的可能。行为人会认为自身的舞弊金额不会对会计信息使用者的决策和判断产生实质性影响，因此其实施舞弊行为的心理负担会相应减轻。

为了对上述理论预期加以检验，本研究通过模拟现实中的年度业绩报告情景，设计了一个舞弊决策的实验室实验。在实验中，我们为实验组被试者设定了一个报表层次的重要性水平，并且使得报表层次的重要性水平大于行为人舞弊区间的上限，从而确保让被试者感知到其所虚报的金额不会对会计信息使用者的决策和判断产生实质性影响，而作为实验组的对照组，控制组被试者在此阶段则不进行相关处理。根据上述实验设计，研究预期，由于实验组被试者可以接收到供个体处理并转而生成结果忽视合理化的信息，因而相较于控制组而言，其结果忽视合理化程度更高。与此同时，在结果忽视合理化的影响下，实验组被试者也将表现出更高程度的职务舞弊倾向。

基于上述分析，本章进一步提出如下实验假说：

H6a：当舞弊金额低于实验中设定的重要性水平，被试者将表现出更高程度的结果忽视合理化。

H6b：当舞弊金额低于实验中设定的重要性水平，被试者将表现出更高程度的职务舞弊倾向。

（二）实验设计

1. 实验被试与激励

实验对象：参与实验的被试者共 60 人，全部来自全日制工商管理类专业本科生。之所以将上述人员作为实验样本而未选择职业经理人，主要基于如下几点原因：首先，对于职业经理人而言，由于缺乏具体的市场决策环境，本部分在实验中设计的"重要性"水平机制难以对其形成实验刺激，这不利于在实验中得到真实的独立观察值。其次，由于本研究探讨的是行为人的基本心理因素与其职务舞弊行为的关系，隶属于一般人的共有特征，不会因为群体属性的不同而产生系统性差异。最后，考虑到实验对象的易得性，以工商管理类专业本科生作为实验对象，不仅易得，而且有着相对陡峭的学习曲线及相对较低的机会成本（于洪鉴等，2019）。

实验激励与时间：为使实验对象能够积极参与实验，本实验根据被试者在实验结束后所得的收益点数，按照10∶1比例兑换为现金作为参与实验所得，而点数获得情况取决于被试者在实验中的决策。根据不同的实验决策表现，被试者最终获得的金钱奖励为12.5-50元不等。实验整体时长为35分钟，其中，前测部分为10分钟，实验主体部分为25分钟。

2. 实验流程

实验前测：考虑到舞弊行为隶属于风险决策，为了更好地控制个体风险偏好对舞弊决策的影响，本研究在实验前测环节借鉴姜树广和陈叶烽（2016）的简单彩票实验来度量实验被试者的风险偏好。

实验分组：根据被试者在彩票实验中的决策结果，采取随机抽样原则，从招募的112名被试者中随机抽取30名高风险偏好者和30名低风险偏好者组成实验被试库。研究分为A、B两组，并利用秩和检验，在保证风险偏好程度组内差异显著、组间差异不显著的情况下，将30名高风险偏好者和30名低风险偏好者随机均分到A、B两组中，每组共30人，包括15名高风险偏好者，15名低风险偏好者。组A为实验组，组B为控制组。

本文采用2×2双盲实验，包含2个组内因素差异（风险偏好），以及2个组间因素差异（重要性水平设定）。

实验主体：本实验的整体设计思路同第四章"监管处罚公告、有利比较与职务舞弊行为"部分的实验设计，通过模拟CEO业绩报告来测试实验被试的职务舞弊倾向，因此，基本的实验流程不再重复，在此仅交代为了满足本部分实验目的所设置的实验条件以及实验机制变动。

第一阶段，对被试者进行会计题项测试，并以此增加实验被试的业绩责任感。

第二阶段，设定企业报表层次的重要性水平。组A（实验组）被试者被告知，"企业近年的财务状况、经营成果与现金流量保持相对稳定，根据以往年度财务报表审计时的重要性水平确定标准，预估企业本年度的报表层次重要性水平为180万元。该指标的设定意味着，当企业的会计信息错报金额不足180万元时将不足以对会计信息使用者的决策和判断产生实质性影响，反之则反是"。之所以将报表层次重要性水平设定为180万元，主要是考虑到，企业确定的实际执行重要性水平为企业报表层次重要性水平的50%—75%，因此，即便按照最严格的比例下限，企业的实际执行重要性水平（180×50%=90万元）仍高于下一阶段的最高虚报金额（80万元），从而确保让被试者感知到，其所虚报的金额不会对会计信息使用者的决策和判断产生实质性影响。而作为对照组，组B在此阶段不做相关处理。

第三阶段，被试者进行年度业绩报告，并给出舞弊行为被发现的概率。首先，告知被试者根据测试成绩而生成的真实企业业绩。在此基础上，让被试者选择拟报告的企业业绩，并告知被试者当存在不符报告且被发现时（15%概率），会被处以虚报业绩点数收益×1.5的惩罚金额，其中，业绩选项分布在307万元至387万元之间，选项间隔为20万元，如表5-26所示。

表5-26　企业业绩报告单

真实的企业业绩（万元）	报告业绩选择项（万元）	第三阶段收益（点）
307	307	150
	327	200
	347	250
	367	300
	387	350

第四阶段，测试被试者的结果忽视合理化倾向。当被试者完成业绩报告后，要求其对结果忽视合理化的测量题项进行作答，题项均采用李克特七点评定计分，1 为完全不同意，7 为完全同意。

第五阶段，根据舞弊行为被发现的概率进行抽样检查，并进行最后的收益清算和实验解释。

3. 实验收益函数

假定实验被试者在第一阶段的题项正答数设定为 n（个），在第三阶段报告的企业业绩设定为 m（万元），则实验被试者的最终收益点数设定如表 5-27 所示，实验中每 10 点对应 1 元人民币的实验报酬。

表 5-27　实验收益函数

决策情形	点数收益函数
如实报告或虚报未被发现	$(\dfrac{m-307}{20}+n)\times 50+200$
虚报且被发现	$(n-\dfrac{m-307}{40})\times 50+200$

4. 实验变量定义与说明

职务舞弊倾向：对被试者选择的报告业绩选择项 307 万—387 万元依次赋值 1—5，取值越大，代表职务舞弊倾向越高。

结果忽视合理化：取题项的算术平均值来度量被试者的结果忽视合理化程度。

风险偏好：采用彩票实验中的决策结果进行度量，彩票 1—彩票 5 代表风险偏好程度递增。

（三）实验结果与分析

鉴于实验的样本量难以满足正态分布的假定条件，因此，研究采用

Mann-Whitney 秩和检验来考察重要性水平设定信息是否会对被试者的结果忽视合理化以及职务舞弊倾向产生影响。检验结果如表 5-28 所示，当检测项为结果忽视合理化时，秩和检验的 Z 值为 -3.212，显著性为 0.001，在 1% 水平下显著，且实验组（组 A）的秩均值为 37.63，大于控制组（组 B）的秩均值 23.37，表明实验组与控制组在结果忽视合理化上存在显著差异。这意味着，当舞弊金额低于实验中设定的重要性水平时，被试者会表现出更高程度的结果忽视合理化，这与假设 H6a 的理论预期一致。同样，当检测项为职务舞弊倾向时，秩和检验的 Z 值为 -3.184，显著性为 0.001，在 1% 水平下显著，且实验组（组 A）的秩均值为 37.33，大于控制组（组 B）的秩均值 26.67，说明在职务舞弊倾向上，实验组与控制组存在着显著差异。这意味着，当舞弊金额低于实验中设定的重要性水平时，被试者的职务舞弊倾向更高，假设 H6b 得到验证。

表 5-28　实验结果的组间秩和检验

检测项	样本分类	样本数	秩均值	秩和	Mann-Whitney	显著性
结果忽视合理化	实验组（组 A）	30	37.63	1129	Z=-3.212	0.001
	控制组（组 B）	30	23.37	701		
职务舞弊倾向	实验组（组 A）	30	37.33	1120	Z=-3.184	0.001
	控制组（组 B）	30	26.67	710		

进一步，本研究对被试者在不同风险偏好条件下的情景异质性进行了检验。结果如表 5-29 所示，在低风险偏好下，结果忽视合理化的秩和检验 Z 值为 -1.737，显著性水平为 0.089，在 10% 水平下显著，且实验组（组 A）的秩均值为 18.23，大于控制组（组 B）的秩均值 12.77，表明在低风险偏好下，与控制组被试者相比，实验组被试者的结果忽视合理化程度更高。同样，在低风险偏好下，职务舞弊倾向的秩和检验 Z 值为 -2.183，显著性为 0.045，在 5% 水平下显著，且实验组（组 A）的秩均值为 18.73，

大于控制组（组 B）的秩均值 12.27，表明在低风险偏好下，与控制组被试者相比，实验组被试者的职务舞弊倾向更高。

表 5-29　低风险偏好条件下组间秩和检验

检测项	样本分类	样本数	秩均值	秩和	Mann-Whitney	显著性
结果忽视合理化	实验组（组 A）	15	18.23	273.5	Z=−1.737	0.089
	控制组（组 B）	15	12.77	191.5		
职务舞弊倾向	实验组（组 A）	15	18.73	281	Z=−2.183	0.045
	控制组（组 B）	15	12.27	184		

在高风险偏好条件下，结果忽视合理化的秩和检验 Z 值为 −2.254，显著性为 0.026，在 5％水平下显著，且实验组（组 A）的秩均值 19.07，大于控制组（组 B）的秩均值 11.93，表明在高风险偏好下，实验组被试者的结果忽视合理化程度更高。同样，在高风险偏好下，职务舞弊倾向的秩和检验 Z 值为 −2.490，显著性为 0.016，在 5％水平下显著，且实验组（组 A）的秩均值为 19.33，大于控制组（组 B）的秩均值 11.67，表明在高风险偏好条件下，实验组被试者的职务舞弊倾向更高，如表 5-30 所示。综合上述结果表明，不论是在高风险偏好还是低风险偏好条件下，重要性水平信息均会对被试者的结果忽视合理化以及职务舞弊倾向产生正向影响。

表 5-30　高风险偏好条件下组间秩和检验

检测项	样本分类	样本数	秩均值	秩和	Mann-Whitney	显著性
结果忽视合理化	实验组（组 A）	15	19.07	286	Z=−2.254	0.026
	控制组（组 B）	15	11.93	179		
职务舞弊倾向	实验组（组 A）	15	19.33	290	Z=−2.490	0.016
	控制组（组 B）	15	11.67	175		

本章小结

本章总体采用情景模拟的研究设计，运用调查或实验研究方法，实证检验了责任扭曲维度下认知合理化对职务舞弊行为的作用机理，以及认知合理化的诱发因素。实证结果表明：（1）在责任扭曲维度下，行为人的责任转移、责任分散、结果忽视合理化程度越高，其实施职务舞弊行为的倾向性越大，且在舞弊决策时所产生的负性情绪水平越低。（2）逐步法、Sobel 法以及 Bootstrap 法的中介效应检验结果均表明，负性情绪在认知合理化与职务舞弊倾向之间具有部分中介作用。（3）责任扭曲维度下，不同认知合理化对职务舞弊行为的影响存在敏感性差异，具体而言，责任分散合理化与结果忽视合理化的影响程度相对较高，而责任转移合理化的影响程度则相对较低。（4）威权领导对行为人的责任转移合理化具有正向影响，并且当下属收到上级的舞弊行为指令时，威权领导对下属责任转移合理化的影响会进一步诱使其职务舞弊倾向增强。（5）工具型组织伦理氛围对行为人的责任分散合理化具有正向影响，并且这种影响会进一步导致行为人的职务舞弊倾向增强。（6）当个体的舞弊金额低于报表层次的重要性水平时，这一信息情景会诱使行为人产生结果忽视合理化，并导致其职务舞弊倾向增强，并且上述影响不论在低风险偏好还是高风险偏好的被试者中都显著存在。

第六章　价值贬低与职务舞弊行为研究

本章将对认知合理化因素的最后一个维度——价值贬低及其与职务舞弊行为之间的关系展开探究。同样，沿着"价值贬低→职务舞弊行为→诱发因素探究"的既定路径，运用调查研究方法，探讨价值贬低维度下认知合理化对职务舞弊行为的影响效应、作用机理与诱发因素。首先，实证检验价值贬低维度下差序歧视、责备归因合理化对职务舞弊行为及舞弊负性情绪的影响。其次，通过构建中介效应模型，实证检验"价值贬低→负性情绪→职务舞弊行为"的中介作用机理，同时，对该维度下的两个二阶因子的影响差异程度进行考察。进一步，采用调查研究法，选取组织差序氛围、心理契约破坏感作为信息情景，对价值贬低维度下认知合理化的诱发因素进行检验和分析。

第一节　理论分析与研究假说

本章理论部分所要探讨的重点是，在价值贬低维度下，其细化囊括的认知合理化是否以及如何帮助个体越过内在内我的"道德关"。如前文所述，区别于认知重构维度对"舞弊行为性质"的关注以及责任扭曲维度对"舞弊责任承担"的关注，价值贬低维度下的认知合理化，其进一步将关注焦点转移至"舞弊行为的受害者"。概括来说，即通过主观上对受害者

（舞弊行为客体）进行人格或价值上的贬低，从而到达降低自身道德谴责感的目的。细分而言，差序歧视合理化是通过贬低与自己关系不密切的受害者的人身价值，从而将舞弊行为解释为无关紧要；责备归因合理化的逻辑是，当受害者有错在先时，自己实施舞弊行为则是出于对自我的补偿，或是出于对受害者的报复，在这种情况下，受害者则可以被视为是罪有应得。因此，价值贬低维度的两个认知合理化机制，可以通过"对受害者进行人格或价值上的贬低"的方式，减少真实欲望自我（舞弊者）与理想道义自我（道德者）之间的内心冲突，进而致使其实施职务舞弊行为的倾向性增强。基于上述分析，本章提出如下假设：

H1：价值贬低维度下，行为人的认知合理化程度越高，其职务舞弊行为倾向越大。

H1a：行为人的差序歧视合理化程度越高，其职务舞弊行为倾向越大。

H1b：行为人的责备归因合理化程度越高，其职务舞弊行为倾向越大。

费斯汀格（Festinger，1957）的认知失调理论解释了自我认知冲突对个体情绪所产生的负面影响。前文已述，随着个体年龄的增长，通过社会学习，社会道德准则会成为大多数人内化于心的行为准则，引导道德行为并抑制舞弊等不道德行为，从而让个体在道德决策中形成自我约束。在社会交际中，讲道德被视为一种自我价值的体现，违背道德往往会导致个体在内心中产生自责和不安，而这种自责和不安在心理学中被认为是由一类负性道德情绪所引发的（谢熹瑶和罗跃嘉，2009）。尤其是当实施舞弊等违道德行为会对其他人造成伤害时，这会激发行为人产生内疚等负性情绪（谭文娇等，2012）。沿袭该逻辑，价值贬低维度下的认知合理化，能够通过对受害者进行人格上的贬低或毁损来缓解自我的内疚感和谴责感，例如，通过差序歧视合理化将受害者解释为无关紧要，或通过责备归因合理化将受害者认定为罪有应得。综上所述，本章预期，在价值贬低维度下，行为人的认知合理化程度越高，其在舞弊决策时因伤害他人而引发的负性情绪水平越低。基于上述分析，本章提出如下假设：

H2：价值贬低维度下，行为人的认知合理化程度越高，其在职务舞弊决策时所产生的负性情绪越低。

H2a：行为人的差序歧视合理化程度越高，其在职务舞弊决策时所产生的负性情绪越低。

H2b：行为人的责备归因合理化程度越高，其在职务舞弊决策时所产生的负性情绪越低。

达马西奥（Damasio，2007）等一系列神经科学证据揭示了道德决策与情绪控制脑区之间的密切相关性。当面对道德决策时，行为人的负性情绪水平会对其行为决策起到关键作用，负性情绪能够显著抑制个体实施不道德行为的倾向性。换言之，在职务舞弊情景下，当其他条件一定，行为人的舞弊负性情绪越高，其实施职务舞弊行为的倾向性则越低。沿此逻辑，当进一步引入认知合理化这一研究变量后，本章预期"认知合理化、负性情绪、职务舞弊行为倾向"三者之间将存在如下逻辑关系：在价值贬低维度下，行为人的认知合理化程度越高，其因伤害他人而引发的负性情绪越低，从而削弱负性情绪对舞弊行为决策的抑制作用，进而影响到个体的职务舞弊行为倾向，即在上述关系中，负性情绪发挥着显著的中介效应。基于上述分析，本章提出如下假设：

H3：价值贬低维度下，负性情绪在认知合理化与职务舞弊倾向之间具有中介作用。

H3a：负性情绪在差序歧视合理化与职务舞弊倾向之间具有中介作用。

H3b：负性情绪在责备归因合理化与职务舞弊倾向之间具有中介作用。

第二节　研究设计与方法

一、研究工具与变量设计

情景模拟法的总体研究设计在本章被继续延用，具体的研究变量及研究工具设计如下。

认知合理化（价值贬低维度）。认知合理化采用第三章编制的认知合理化量表进行度量。其中，差序歧视合理化包含四个题项，如"只要没有伤害到与我关系密切的人的利益，对外夸大些公司信息情有可原"等；责备归因合理化包含三个题项，如"如果公司对你的承诺违约在先，那么通过舞弊来获取些补偿不应受到谴责"等，上述题项全部采用李克特七点评定计分。

职务舞弊情景。为了准确度量被试者在不同认知合理化情景下的职务舞弊倾向，参照前述两章，本章采用"1+2"式的舞弊情景结构设计，即一个基本情景加两个条件情景。基本情景的主要内容为"采购部执行经理在执行职工福利专项采购任务时，面对舞弊资金收益（私下收取9万元现金回扣），是否会选择同意销售代理商抬高合同定价的请求"。

在此基础上，研究加入两个条件情景，目的是将不同类型的认知合理化信息引入，并据此精确考察被试者在不同认知合理化情景下的职务舞弊倾向。其中，在差序歧视情景下，职务舞弊倾向的测度内容为"抬高合同定价会导致企业整体的费用支出上升，但专项采购任务本身不被列为你所在团队的绩效考核范畴，不会影响到你所在团队的经济利益。在此情况下，你会选择同意提高合同定价的倾向性"。在责备归因情景下，职务舞弊倾向的测度内容为"如果公司经常不履行向你承诺支付的薪资奖金，并且不公允地评判你的工作成果，你会选择同意提高合同定价的倾向性"。

职务舞弊倾向的测度采用李克特七点评定计分，负性情绪的测度后附于每一个条件情景，导语部分通过询问被试者"如果你选择抬高合同价款，并取得现金回扣，你预期可能会有的想法和感受"来要求其作答，采用坦尼（Tangney，1995）负性情绪量表，共三个题项，如"心理会感觉很不舒服"等，上述题项采用李克特七点评定计分。

问卷质量控制。本研究在情景后测中采用两道题项测试被试者对填答规则的理解程度以及填答过程的认真程度，两道题项全部答对的样本予以保留。

社会赞许效应控制。采用杨中芳（1996）的社会赞许性量表进行控制，共十道题项，如"有时我会控制不住自己而向别人发火"等。题项采用两点计分，选择"从未有过"计 0 分，"曾经有过"计 1 分。

综合上述，本章研究的情景流程设计以及研究工具如表 6-1 所示。

表 6-1　情景流程设计及研究工具

流程设计	度量指标	研究工具
认知合理化（价值贬低维度）	差序歧视合理化	第三章认知合理化量表
	责备归因合理化	
职务舞弊情景	职务舞弊倾向（差序歧视）	一道题项
	负性情绪（差序歧视）	负性情绪量表
	职务舞弊倾向（责备归因）	一道题项
	负性情绪（责备归因）	负性情绪量表
问卷质量控制	—	两道题项
社会赞许效应控制	社会赞许性	社会赞许量表

二、模型设计

为检验前述研究假设，本章构建如下三个待检验模型：式（6-1）用于检验假设 H1，即价值贬低维度下，认知合理化与职务舞弊行为倾向的关系；式（6-2）用于检验假设 H2，即价值贬低维度下，认知合理化与负性情绪的关系；式（6-1）、式（6-2）、式（6-3）联合用于检验假设 H3，即负性情绪在认知合理化与职务舞弊行为倾向之间的中介作用。

$$Fraud_i = \alpha_0 + \alpha_1 Rat\_DV_i + \alpha_2 Desira_i + \sum \alpha Control_i + \varepsilon_i \quad (6-1)$$

$$Neg_i = \beta_0 + \beta_1 Rat\_DV_i + \beta_2 Desira_i + \sum \beta Control_i + \varepsilon_i \quad (6-2)$$

$$Fraud_i = \gamma_0 + \gamma_1 Rat\_DV_i + \gamma_2 Neg_i + \gamma_3 Desira_i + \sum \gamma Control_i + \varepsilon_i \quad (6-3)$$

上述公式中，i 指代不同的研究被试者，Rat_DV 指代价值贬低维度下的认知合理化，包括差序歧视合理化（HO）、责备归因合理化（BA），Neg 指代被试者的负性情绪，$Desira$ 指代被试者的社会赞许效应，$Control$ 指代控制变量。根据以往研究结论，研究选取性别、年龄、教育水平、工作年限、岗位职级、收入水平、宗教信仰等人口统计学变量，以及产权性质、所属行业等产业组织层变量作控制变量（孔晨和陈艳，2015；陈艳等，2017；王汉瑛等，2018）。上述公式中的具体变量定义如表6-2所示。

表6-2　变量定义

变量		符号	定义
被解释变量	职务舞弊倾向	*Fraud_HO*	职务舞弊倾向均值（差序歧视情景）
		Fraud_BA	职务舞弊倾向均值（责备归因情景）
	负性情绪	*Neg_HO*	负性情绪量表的题项均值（差序歧视情景）
		Neg_BA	负性情绪量表的题项均值（责备归因情景）
解释变量	认知合理化（价值贬低） 差序歧视	*HO*	差序歧视因子的题项均值
	责备归因	*BA*	责备归因因子的题项均值
控制变量	性别	*Gender*	男性取 0，女性取 1

变量		符号	定义
控制变量	年龄	*Age*	18 岁以下、18—25 岁、26—30 岁、31—40 岁、41—50 岁、51—60 岁、60 岁以上依次取值 1—7
	教育水平	*Educa*	高中及以下、专科、本科、研究生依次取值 1—4
	工作年限	*Work_s*	1 年以下、1—3 年、4—6 年、7—10 年、11—15 年、16—20 年、20 年以上依次取值 1—7
	岗位职级	*Rank*	基层、中层、高层管理者依次取值 1—3
	收入水平	*Rev*	年收入 5 万元以下、5 万—7 万元、8 万—10 万元、11 万—15 万元、16 万—20 万元、21 万—30 万元、30 万元以上依次取值 1—7
	宗教信仰	*Faith*	无宗教信仰取 0，有宗教信仰取 1
	产权性质	*Equity*	非国有企业取 0，国有企业取 1
	社会赞许性	*Desira*	社会赞许性量表的题项均值
	行业	*Industry*	根据国家统计局《2017 年国民经济行业分类》和数据结构设置 19 个哑变量

三、数据来源

考虑到价值贬低的认知形成往往是"自上而下"的，因此，我们将本章研究的调查对象筛定为国内企业任职的各级管理人员。为控制同源方法偏差的影响，研究过程保证被试者的匿名性，同时数据收集过程采用线上、线下相结合的方式，从而对测量样本进行时间和空间上的分离。问卷全程采用无记名方式作答，问卷前言部分向测试对象声明，问卷所得信息仅供学术研究，资料绝对保密。为保证样本质量，研究剔除网上填答用时过短（小于 90 秒）、问卷质量控制题项存在填答错误的样本，最终获得的有效样本量为 349 份。

四、信度与效度检验

为检验相关测度工具在本次研究中的适用性，本章对认知合理化、负性情绪的测度量表进行信度与效度检验。信度分析方面，采用克隆巴赫 α 系数来考察问卷数据的内部一致性；效度分析方面，采用 KMO 统计量来考察问卷数据是否具有较好的因子结构。认知合理化变量的信效度检验结果如表 6-3 所示，差序歧视合理化（HO）、责备归因合理化（BA）的克隆巴赫 α 系数分别为 0.90、0.96，说明检验结果的信度水平较高［农纳利（Nunnally，1978）］，KMO 值均大于 0.70 且在 1% 的水平上显著，说明样本数据适合进行因子分析。进一步，本章根据因子载荷系数来判别各测量项目的重要性程度，结果如表 6-3 所示，总体而言，各题项的因子载荷均大于 0.50，说明各项目对于其所测因子而言均是重要的。

表 6-3　认知合理化测量项目信度、效度及载荷系数（价值贬低）

因子	测量项目	因子载荷	克隆巴赫 α 系数	KMO 统计量
差序歧视（HO）	HO_1	0.88	0.90	0.84***
	HO_2	0.88		
	HO_3	0.90		
	HO_4	0.86		
结果忽视（BA）	BA_1	0.95	0.96	0.76***
	BA_2	0.97		
	BA_3	0.97		

负性情绪变量的信效度检验结果如表 6-4 所示，该变量在差序歧视（Neg_HO）、责备归因（Neg_BA）情景中的克隆巴赫 α 系数均大于 0.9，KMO 值均大于 0.75 且在 1% 的水平上显著，说明检验结果的信效度水平较高［农纳利（Nunnally，1978）］。进一步，根据载荷系数来判别负性情

绪各测量项目的重要性程度，结果如表 6-4 所示。总体而言，各题项的因子载荷均大于 0.50，说明各项目对于其所测因子而言均是重要的。

表 6-4　负性情绪测量项目信度、效度及载荷系数（价值贬低）

因子	测量项目	*Neg_HO*	*Neg_BA*
负性情绪	*Neg₁*	0.96	0.98
	Neg₂	0.97	0.98
	Neg₃	0.96	0.98
克隆巴赫 α 系数		0.96	0.98
KMO 统计量		0.77***	0.78***

五、同源方法偏差分析

根据周浩和龙立荣（2004）、朱秀梅和王天东（2019）的研究，对同源方法偏差采用程序控制和统计控制。其中，在统计控制上，采用哈曼单因素检验法，公因子对变量的整体解释程度为 67.700%，未经旋转的第一个因子解释力为 19.993%，低于 50% 的判断标准，因此，研究不存在严重的同源方法偏差问题。

第三节　实证结果与分析

一、描述性统计

本章主要变量的描述性统计见表 6-5。差序歧视合理化（*HO*）、责备归因合理化（*BA*）的均值分别为 2.244、2.049，中位数均为 2.000，说明在本次样本测试中，被试者对该维度下认知合理化的平均认可程度较低。

从舞弊决策情况来看，各信息情景下的舞弊行为倾向均值分别为 2.871（*Fraud_HO*）、4.009（*Fraud_BA*），平均来说，被试者在责备归因情景下的舞弊行为倾向要高于差序歧视情景。同时，变量 *Fraud_HO*、*Fraud_BA* 的最大值、最小值均为 7.000 和 1.000，标准差分别为 1.893、2.059，说明职务舞弊行为的决策情景具有较优的区分度。负性情绪在各信息情景下的均值分别为 5.268（*Neg_HO*）、4.598（*Neg_BA*），说明多数被试者在实施职务舞弊行为后会产生较高程度的负性情绪水平。从控制变量来看，性别（*Gender*）均值为 0.530，说明研究样本的男女占比较为均衡；年龄（*Age*）均值为 3.501，说明研究样本的平均年龄区间位于 26—40 岁之间；收入（*Rev*）均值为 3.725，说明研究样本的平均收入区间位于 8 万—15 万元之间；宗教信仰（*Faith*）均值为 0.074，说明研究样本中只有 8.7% 的被试者存在宗教信仰。

表 6-5　变量描述性统计

变量	观测值	均值	标准差	最小值	25 百分位	中位数	75 百分位	最大值
HO	349	2.244	1.240	1.000	1.250	2.000	2.750	7.000
BA	349	2.049	1.284	1.000	1.000	2.000	2.000	7.000
Fraud_HO	349	2.871	1.893	1.000	1.000	2.000	4.000	7.000
Fraud_BA	349	4.009	2.059	1.000	2.000	4.000	6.000	7.000
Neg_HO	349	5.268	1.836	1.000	4.000	6.000	7.000	7.000
Neg_BA	349	4.598	1.952	1.000	3.000	5.000	6.000	7.000
Gender	349	0.530	0.500	0.000	0.000	1.000	1.000	1.000
Age	349	3.501	1.238	1.000	3.000	3.000	4.000	7.000
Educa	349	3.292	0.712	1.000	3.000	3.000	4.000	4.000
Work_s	349	3.705	2.003	1.000	2.000	3.000	5.000	7.000

变量	观测值	均值	标准差	最小值	25百分位	中位数	75百分位	最大值
Rank	349	1.352	0.601	1.000	1.000	1.000	2.000	3.000
Rev	349	3.725	1.829	1.000	2.000	4.000	5.000	7.000
Faith	349	0.074	0.263	0.000	0.000	0.000	0.000	1.000
Equity	349	0.404	0.491	0.000	0.000	0.000	1.000	1.000
Desira	349	0.650	0.236	0.000	0.500	0.700	0.800	1.000

为了形象地呈现出认知合理化（价值贬低维度）对行为和情绪的影响，本章根据均值和中位数两个指标，按照认知合理化指标的大小进行高低分组（均值以上组、均值以下组；中位数以上组、中位数以下组），并分别计算各组样本的职务舞弊倾向均值（*Fraud*）和负性情绪均值（*Neg*），如图6-1、图6-2所示。

图6-1描述了差序歧视合理化对行为和情绪的影响。按照均值分组，职务舞弊倾向在均值以下组（*HO*<Mean）和均值以上组（*HO*>Mean）的平均值分别为2.53和3.41，呈现上升态势；负性情绪在均值以下组（*HO*<Mean）和均值以上组（*HO*>Mean）的平均值则分别为5.49和4.91，呈现下降态势。独立样本的T检验结果表明，两组样本在职务舞弊倾向（T=−4.307，P=0.000）和负性情绪（T=2.907，P=0.004）上均存在显著性差异。按照中位数进行分组，职务舞弊倾向在中位数以下组（*HO*<Median）和中位数以上组（*HO*>Median）的平均值分别为2.29和3.46，同样呈上升态势；负性情绪在中位数以下组（*HO*<Median）和中位数以上组（*HO*>Median）中的平均值分别为5.61和4.91，同样呈下降态势。独立样本的T检验结果表明，两组样本在职务舞弊倾向（T=−6.085，P=0.000）和负性情绪（T=3.519，P=0.000）上均存在显著性差异。上述结果直观表明，差序歧视合理化对行为人的

职务舞弊倾向具有正向影响，对负性情绪具有负向影响，这初步印证了本章的研究假设 H1a 和 H2a。

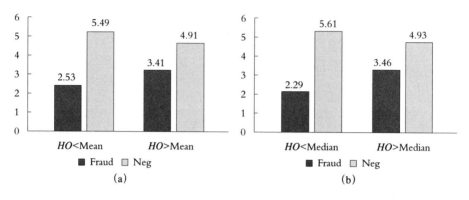

图 6-1 差序歧视合理化对行为和情绪的影响：来自图形的证据

图 6-2 描述了责备归因合理化对行为和情绪的影响。按照均值分组，职务舞弊倾向在均值以下组（*BA*<Mean）和均值以上组（*BA*>Mean）的平均值分别为 3.75 和 4.88，呈现上升态势；负性情绪在均值以下组（*BA*<Mean）和均值以上组（*BA*>Mean）的平均值分别为 4.86 和 3.72，呈现下降态势。独立样本的 T 检验结果表明，两组样本在职务舞弊倾向（T=−4.445，P=0.000）和负性情绪（T=4.760，P=0.000）上均存在显著性差异。按照中位数进行分组，职务舞弊倾向在中位数以下组（*BA*<Median）和中位数以上组（*BA*>Median）的平均值分别为 3.42 和 4.60，同样呈上升态势；负性情绪在中位数以下组（*BA*<Median）和中位数以上组（*BA*>Median）的平均值分别为 5.12 和 4.07，同样呈下降态势。独立样本的 T 检验结果表明，两组样本在职务舞弊倾向（T=−5.554，P=0.000）和负性情绪（T=5.215，P=0.000）上均存在显著性差异。上述结果表明，责备归因合理化对行为人的职务舞弊倾向具有正向影响，对负性情绪具有负向影响，这初步印证了本章的研究假设 H1b 和 H2b。

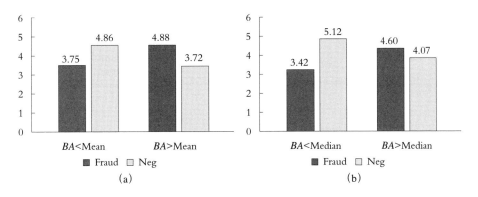

图6-2 责备归因合理化对行为和情绪的影响：来自图形的证据

二、假设检验与分析

(一) 差序歧视维度下认知合理化对行为和情绪的影响

根据式（6-1），研究检验价值贬低维度下认知合理化对职务舞弊行为的影响（假设 H1），其中，模型 M1-1、M2-1 分别用于检验价值贬低维度下，差序歧视、责备归因合理化对职务舞弊倾向的影响。模型变量的方差膨胀因子均小于 10，采用异方差稳健的标准误进行回归估计。

表6-6 报告了模型 M1-1、M2-1 的回归结果。在模型 M1-1 中，差序歧视合理化（*HO*）与职务舞弊行为倾向在 1% 水平上显著为正，回归系数为 0.528，这表明差序歧视合理化对行为人的职务舞弊倾向具有正向影响，这与假设 H1a 的理论预期一致。在模型 M2-1 中，责备归因合理化（*BA*）的回归系数为 0.372，且在 1% 的水平上显著，这验证了假设 H1b。综合上述，在价值贬低维度下，行为人的认知合理化程度显著影响个体的职务舞弊决策，不论是差序歧视还是责备归因合理化均与行为人的职务舞弊倾向显著正相关，这与本章的假设 H1 相吻合。

表 6-6 认知合理化与职务舞弊倾向（价值贬低）

变量名称	M1-1	M2-1
	Fraud_HO	*Fraud_BA*
HO	0.528***	
	（6.56）	
BA		0.372***
		（5.00）
Gender	−0.173	−0.104
	（−0.79）	（−0.44）
Age	−0.080	−0.408*
	（−0.44）	（−1.94）
Educa	−0.008	0.203
	（−0.05）	（1.21）
Work_s	−0.160	0.089
	（−1.38）	（0.67）
Rank	−0.034	0.001
	（−0.15）	（0.00）
Rev	0.118*	0.150**
	（1.71）	（1.97）
Faith	0.313	0.033
	（0.76）	（0.08）
Equity	0.255	0.282
	（1.13）	（1.14）
Desira	0.407	1.019**
	（1.02）	（2.25）
Industry	控制	控制

续表

变量名称	M1-1	M2-1
	Fraud_HO	*Fraud_BA*
_cons	2.279**	2.457**
	（2.27）	（2.20）
N	349	349
R^2	0.224	0.221
Adj R^2	0.156	0.153

　　研究根据式（6-2），研究检验价值贬低维度下，认知合理化对情绪的影响（假设 H2），其中，模型 M1-2、M2-2 分别用于检验价值贬低维度下，差序歧视、责备归因合理化对负性情绪的影响。表 6-7 报告了模型 M1-2、M2-2 的回归结果，在模型 M1-2 中，差序歧视合理化（*HO*）与负性情绪在 1% 水平上显著为负，回归系数为 -0.242，这表明差序歧视合理化对行为人的负性情绪具有负向影响，这与假设 H2a 的理论预期一致。在模型 M2-2 中，责备归因合理化（*BA*）的回归系数为 -0.404，且在 1% 的水平上显著，这验证了假设 H2b。综合上述，不论是差序歧视还是责备归因合理化，均与行为人的负性情绪显著负相关，即在价值贬低维度下，行为人的认知合理化程度显著影响个体的舞弊情绪反应，这与本章的假设 H2 相吻合。

表 6-7　认知合理化与负性情绪（价值贬低）

变量名称	M1-2	M2-2
	Neg_HO	*Neg_BA*
HO	-0.242***	
	（-2.97）	

续表

变量名称	M1-2 *Neg_HO*	M2-2 *Neg_BA*
BA		−0.404***
		（−4.77）
Gender	0.229	0.085
	（1.00）	（0.36）
Age	0.017	0.159
	（0.08）	（0.77）
Educa	−0.039	0.095
	（−0.21）	（0.51）
Work_s	−0.004	−0.077
	（−0.03）	（−0.58）
Rank	0.218	0.136
	（0.92）	（0.54）
Rev	0.039	0.001
	（0.49）	（0.01）
Faith	−0.078	−0.025
	（−0.19）	（−0.05）
Equity	0.081	−0.123
	（0.33）	（−0.49）
Desira	−0.209	−0.432
	（−0.46）	（−0.91）
Industry	控制	控制
_cons	5.689***	4.656***
	（5.91）	（4.58）
N	349	349
R^2	0.082	0.135
Adj R^2	0.002	0.059

（二）价值贬低维度下认知合理化对职务舞弊行为影响的作用机理

为了检验负性情绪的中介作用机理是否成立，即假设 H3。本章采用温忠麟和叶宝娟（2014）的中介效应检验方法，通过联合式（6-1）、式（6-2）、式（6-3）来进行中介效应检验。

表6-6、表6-7、表6-8联合报告了负性情绪对职务舞弊倾向影响的中介效应。在差序歧视合理化层面，首先，以差序歧视合理化（HO）作为解释变量，对被解释变量职务舞弊倾向（$Fraud\_HO$）进行回归，结果显示，差序歧视合理化（HO）的系数为0.528，且在1%的水平上显著（见表6-6模型M1-1），表明差序歧视合理化与职务舞弊行为倾向正相关；其次，以负性情绪（Neg_HO）为被解释变量，对解释变量差序歧视合理化（HO）做回归，结果显示，差序歧视合理化（HO）的系数为 -0.242，且在1%的水平上显著（见表6-7模型M1-2），表明差序歧视合理化与负性情绪负相关；最后，以职务舞弊倾向（$Fraud\_HO$）为被解释变量，对解释变量差序歧视合理化（HO）、中介变量负性情绪（Neg_HO）做回归，结果显示，差序歧视合理化（HO）和负性情绪（Neg_HO）的系数分别为0.437和 -0.375，且均在1%的水平上显著（见表6-8模型M1-3），说明负性情绪在差序歧视合理化和职务舞弊倾向之间具有部分中介作用，这与假设 H3a 的预期一致。

表6-8　负性情绪中介效应的回归分析表（价值贬低）

变量名称	M1-3	M2-3
	$Fraud\_HO$	$Fraud\_BA$
HO	0.437***	
	（5.81）	

续表

变量名称	M1-3	M2-3
	Fraud_HO	*Fraud_BA*
Neg_HO	−0.375***	
	（−6.39）	
BA		0.216***
		（3.07）
Neg_BA		−0.387***
		（−5.97）
Gender	−0.087	−0.071
	（−0.45）	（−0.33）
Age	−0.074	−0.346*
	（−0.44）	（−1.78）
Educa	−0.023	0.239
	（−0.14）	（1.42）
Work_s	−0.161	0.059
	（−1.56）	（0.47）
Rank	0.048	0.054
	（0.23）	（0.25）
Rev	0.132**	0.150**
	（2.09）	（2.05）
Faith	0.283	0.024
	（0.71）	（0.06）
Equity	0.285	0.235
	（1.35）	（1.01）
Desira	0.329	0.852**
	（0.93）	（2.06）

续表

变量名称	M1-3	M2-3
	Fraud_HO	*Fraud_BA*
Industry	控制	控制
_cons	4.410***	4.257***
	（4.70）	（3.85）
N	349	349
R^2	0.345	0.337
Adj R²	0.286	0.277

在责备归因合理化层面，首先，以责备归因合理化（*BA*）作为解释变量，对被解释变量职务舞弊倾向（*Fraud_BA*）进行回归，结果显示，责备归因合理化（*BA*）的系数为 0.372，且在 1% 的水平上显著（见表 6-6 模型 M2-1）；其次，以负性情绪（*Neg_BA*）为被解释变量，对解释变量责备归因合理化（*BA*）做回归，结果显示，责备归因合理化（*BA*）的系数为 -0.404，且在 1% 的水平上显著（见表 6-7 模型 M2-2）；最后，以职务舞弊倾向（*Fraud_BA*）为被解释变量，对解释变量责备归因合理化（*BA*）、中介变量负性情绪（*Neg_BA*）做回归，结果显示，责备归因合理化（*BA*）和负性情绪（*Neg_BA*）的系数分别为 0.216 和 -0.387，且均在 1% 的水平上显著（见表 6-8 模型 M2-3），说明负性情绪在责备归因合理化和职务舞弊倾向之间具有部分中介作用，这验证了假设 H3b。

综合上述，可以看出，不论是差序歧视还是责备归因合理化，在价值贬低维度下，认知合理化对职务舞弊行为倾向的影响，均部分通过负性情绪的中介效应发挥，这与本章的假设 H3 相吻合。

进一步，本章采用 Sobel 法和 Bootstrap 法对上述中介效应结果进行敏感性测试。表 6-9、表 6-10 分别报告了 Sobel 法和 Bootstrap 法的中介效应检验结果，结果表明，不论是哪种检验方法，检验项 *HO* 与 *BA* 的乘积系数 $\beta_1\gamma_2$ 均在 1% 水平上显著拒绝原假设（$H_0: \beta_1\gamma_2=0$），即表明变量之间的中介效应显著存在。综合上述，不论是差序歧视合理化（*HO*）还是责备归因合理化（*BA*），负性情绪的中介效应均显著成立，假设 H3 得以验证。

表 6-9　Sobel 中介效应检验

检验项	Coef.	Std. Err.	Z	P＞｜Z｜
HO	0.102	0.034	3.017	0.003
BA	0.162	0.039	4.161	0.000

表 6-10　Bootstrap 中介效应检验

检验项	Coef.	Boot. SE	Z	P＞｜Z｜	Replications
HO	0.102	0.032	3.13	0.002	1000
BA	0.162	0.045	3.63	0.000	

三、敏感性差异研究

本部分基于前述模型的回归结果，采用似无相关模型（SUR 模型），检验价值贬低维度下，不同认知合理化对职务舞弊行为影响的敏感性差异。检验结果如表 6-11 所示，Chi^2 值为 3.30，组间差异显著性为 0.089，在 10% 水平下显著，且差序歧视合理化（*HO*）的回归系数 0.528，大于责备归因合理化（*BA*）的回归系数 0.372，说明在价值贬低维度下，差序歧视合理化对职务舞弊行为的影响要显著大于责备归因合理化。综合上述，在价值贬低维度下，虽然差序歧视和责备归因合理化均能对职务舞弊行为产生正向影响，但其影响效应存在敏感性差异。相比之下，差序歧视合理化的影响程度相对较高，责备归因合理化的影响程度相对较低。

表6-11 基于 SUR 模型的组间系数差异检验

检验项	N	回归系数			Chi^2	组间差异显著性	结论
		Coef.	T 值	Sig.			
HO	349	0.528	6.84	***	3.30	0.089*	HO>BA
BA	349	0.372	4.36	***			

四、稳健性检验

为了增强研究结论的可靠性，本研究进行了如下稳健性测试。

第一，运用因子分析法合成认知合理化和负性情绪的度量指标。重新定义相应的变量符号如下，差序歧视合理化（HO_f）、责备归因合理化（BA_f），负性情绪的相应变量符号设置为 Neg_HO_f、Neg_BA_f。公因子提取采用主成分分析法，基于特征值大于1，变量 HO_f、BA_f、Neg_HO_f、Neg_BA_f 均提取出1个公因子。根据因子载荷矩阵，分别用 H_n、B_n、NH_n、NB_n 代表相应因子的第 n 个题项，因子合成表达式如下：

$$HO_f = 0.285H_1 + 0.284H_2 + 0.291H_3 + 0.276H_4 \qquad (6\text{-}4)$$

$$BA_f = 0.341B_1 + 0.350B_2 + 0.349B_3 \qquad (6\text{-}5)$$

$$Neg\_HO_f = 0.344NH_1 + 0.349NH_2 + 0.346NH_3 \qquad (6\text{-}6)$$

$$Neg\_BA_f = 0.341NB_1 + 0.343NB_2 + 0.340NB_3 \qquad (6\text{-}7)$$

表6-12列示了价值贬低维度下，认知合理化、负性情绪与职务舞弊行为之间的回归结果。整体而言，回归结果与前文一致，研究结论保持不变。

表 6-12　稳健性检验 1：认知合理化、负性情绪与职务舞弊（价值贬低）

变量名称	M1-1	M1-2	M1-3	M2-1	M2-2	M2-3
	Fraud_HO	*Neg_HO$_f$*	*Fraud_HO*	*Fraud_BA*	*Neg_BA$_f$*	*Fraud_BA*
HO$_f$	0.655***	−0.167***	0.541***			
	（6.58）	（−3.03）	（5.80）			
Neg_HO$_f$			−0.686***			
			（−6.37）			
BA$_f$				0.477***	−0.519***	0.277***
				（5.00）	（−4.77）	（3.07）
Neg_BA$_f$						−0.755***
						（−5.97）
Gender	−0.172	0.123	−0.087	−0.104	0.085	−0.071
	（−0.79）	（0.99）	（−0.45）	（−0.44）	（0.36）	（−0.33）
Age	−0.081	0.010	−0.075	−0.408*	0.159	−0.346*
	（−0.45）	（0.09）	（−0.45）	（−1.94）	（0.77）	（−1.78）
Educa	−0.006	−0.022	−0.021	0.203	0.095	0.239
	（−0.03）	（−0.22）	（−0.13）	（1.21）	（0.51）	（1.42）
Work_s	−0.158	−0.002	−0.160	0.089	−0.077	0.059
	（−1.36）	（−0.03）	（−1.55）	（0.67）	（−0.58）	（0.47）
Rank	−0.030	0.118	0.051	0.001	0.136	0.054
	（−0.13）	（0.91）	（0.24）	（0.00）	（0.54）	（0.25）
Rev	0.118*	0.021	0.132**	0.150**	0.001	0.150**
	（1.71）	（0.49）	（2.09）	（1.97）	（0.01）	（2.05）
Faith	0.311	−0.044	0.281	0.033	−0.025	0.024
	（0.76）	（−0.19）	（0.70）	（0.08）	（−0.05）	（0.06）
Equity	0.257	0.043	0.287	0.282	−0.123	0.235
	（1.14）	（0.33）	（1.35）	（1.14）	（−0.49）	（1.02）

变量名称	M1-1	M1-2	M1-3	M2-1	M2-2	M2-3
	Fraud_HO	*Neg_HO$_f$*	*Fraud_HO*	*Fraud_BA*	*Neg_BA$_f$*	*Fraud_BA*
Desira	0.409	−0.112	0.332	1.019**	−0.432	0.852**
	（1.03）	（−0.46）	（0.94）	（2.25）	（−0.91）	（2.06）
Industry	控制	控制	控制	控制	控制	控制
_cons	3.446***	−0.0643	3.402***	3.219***	3.827***	2.921***
	（3.47）	（−0.12）	（3.77）	（2.90）	（3.80）	（2.73）
N	349	349	349	349	349	349
R^2	0.225	0.083	0.345	0.221	0.135	0.337
Adj R^2	0.157	0.003	0.285	0.153	0.059	0.277

第二，调整回归模型的控制变量。将社会赞许性较高的样本予以剔除，共剔除样本 64 个，剩余样本 285 个。限于回归样本量较少，本章对剩余样本进行 Bootstrap 自抽样 1000 次后纳入回归方程。回归结果如表 6-13 所示，估计结果没有发生实质性变化，研究结论与前文一致。

表 6-13　稳健性检验 2：认知合理化、负性情绪与职务舞弊（价值贬低）

变量名称	M1-1	M1-2	M1-3	M2-1	M2-2	M2-3
	Fraud_HO	*Neg_HO*	*Fraud_HO*	*Fraud_BA*	*Neg_BA*	*Fraud_BA*
HO	0.521***	−0.247***	0.430***			
	（5.71）	（−2.79）	（4.74）			
Neg_HO			−0.367***			
			（−5.16）			
BAf				0.308***	−0.411***	0.149*
				（3.68）	（−4.45）	（1.93）
Neg_BA						−0.386***
						（−5.35）

变量名称	M1-1	M1-2	M1-3	M2-1	M2-2	M2-3
	Fraud_HO	*Neg_HO*	*Fraud_HO*	*Fraud_BA*	*Neg_BA*	*Fraud_BA*
Gender	−0.285	0.343	−0.159	−0.272	0.136	−0.219
	(−1.19)	(1.36)	(−0.69)	(−1.06)	(0.55)	(−0.92)
Age	−0.130	−0.008	−0.133	−0.446*	0.064	−0.421**
	(−0.61)	(−0.04)	(−0.66)	(−1.87)	(0.29)	(−1.99)
Educa	−0.028	−0.070	−0.053	0.228	0.106	0.269
	(−0.14)	(−0.34)	(−0.29)	(1.25)	(0.52)	(1.52)
Work_s	−0.146	−0.028	−0.156	0.075	−0.043	0.058
	(−1.04)	(−0.18)	(−1.26)	(0.49)	(−0.31)	(0.41)
Rank	−0.074	0.135	−0.024	−0.024	−0.062	−0.048
	(−0.29)	(0.48)	(−0.10)	(−0.09)	(−0.22)	(−0.21)
Rev	0.157**	0.068	0.182**	0.201**	0.083	0.233***
	(2.07)	(0.83)	(2.42)	(2.30)	(1.03)	(3.07)
Faith	0.491	0.131	0.539	−0.172	0.366	−0.030
	(0.99)	(0.31)	(1.24)	(−0.33)	(0.81)	(−0.07)
Equity	0.344	−0.155	0.287	0.349	−0.414	0.189
	(1.32)	(−0.58)	(1.17)	(1.29)	(−1.49)	(0.77)
Industry	控制	控制	控制	控制	控制	控制
_cons	3.022***	5.653***	5.098***	2.907***	4.710***	4.727***
	(2.77)	(5.87)	(4.86)	(2.77)	(4.44)	(4.73)
Replications	1000	1000	1000	1000	1000	1000
R^2	0.213	0.115	0.319	0.232	0.164	0.346
Adj R^2	0.134	0.026	0.247	0.155	0.080	0.277

第三，采用 Ordered Probit 模型进行重新估计。由于本研究的被解释变量为排序型离散数据，因此研究更换更适合此类数据的 Ordered Probit 模型来进行重新估计。Ordered Probit 模型的估计结果如表 6-14 所示，可

以发现，估计结果没有发生实质性改变，研究结论与前文一致，这表明本章的研究结论整体而言是较为稳健的。

表 6-14　稳健性检验 3：认知合理化、负性情绪与职务舞弊（价值贬低）

变量名称	M1-1	M2-1	M3-1	M1-2	M2-2	M3-2
	Fraud_HO	*Neg_HO*	*Fraud_HO*	*Fraud_BA*	*Neg_BA*	*Fraud_BA*
HO	0.319***	−0.163***	0.287***			
	（6.197）	（−3.554）	（5.583）			
Neg_HO			−0.272***			
			（−6.577）			
BA$_f$				0.201***	−0.232***	0.122***
				（4.685）	（−5.077）	（2.844）
Neg_BA						−0.245***
						（−5.651）
Gender	−0.135	0.183	−0.065	−0.077	0.041	−0.058
	（−1.005）	（1.346）	（−0.491）	（−0.591）	（0.305）	（−0.438）
Age	−0.091	0.034	−0.096	−0.261**	0.101	−0.245**
	（−0.763）	（0.268）	（−0.802）	（−2.143）	（0.869）	（−1.989）
Educa	0.007	−0.017	0.001	0.110	0.052	0.152
	（0.064）	（−0.153）	（0.012）	（1.196）	（0.510）	（1.509）
Work_s	−0.095	0.001	−0.111	0.067	−0.046	0.052
	（−1.254）	（0.008）	（−1.505）	（0.893）	（−0.623）	（0.676）
Rank	−0.043	0.157	0.036	−0.032	0.096	0.004
	（−0.281）	（1.061）	（0.231）	（−0.237）	（0.671）	（0.028）
Rev	0.075*	0.021	0.092**	0.097**	0.001	0.105**
	（1.663）	（0.463）	（2.066）	（2.210）	（0.021）	（2.306）

变量名称	M1–1	M2–1	M3–1	M1–2	M2–2	M3–2
	Fraud_HO	*Neg_HO*	*Fraud_HO*	*Fraud_BA*	*Neg_BA*	*Fraud_BA*
Faith	0.203	−0.022	0.233	0.069	−0.024	0.068
	（0.737）	（−0.087）	（0.819）	（0.290）	（−0.094）	（0.280）
Equity	0.140	0.064	0.175	0.144	−0.062	0.120
	（1.000）	（0.448）	（1.194）	（1.032）	（−0.445）	（0.847）
Desira	0.414	−0.262	0.440*	0.571**	−0.331	0.519**
	（1.572）	（−0.971）	（1.701）	（2.182）	（−1.220）	（2.003）
Industry	控制	控制	控制	控制	控制	控制
N	349	349	349	349	349	349
LR Chi²	89.44	36.65	151.06	84.94	55.62	140.50
Pseudo R²	0.074	0.024	0.125	0.064	0.034	0.106

第四节　价值贬低维度下职务舞弊认知
合理化的诱发因素探究

本章基于差序歧视合理化、责备归因合理化的内在逻辑，从理论层面选取组织差序氛围、心理契约破坏感作为配对信息情景，采用调查研究法，实证考察了该维度下职务舞弊认知合理化的诱发因素。

一、组织差序氛围、差序歧视与职务舞弊行为：调查研究证据

本部分将运用调查研究法，检验组织差序氛围是否构成行为人差序歧视合理化的诱发因素，以及对个体职务舞弊决策的影响。

（一）理论分析与假设

圈子文化与差序格局是中国社会人际关系中存在的普遍现象，正如费孝通（2004）指出，中国人独特的"私"的个性，造就了中国独特的"差序格局"。中国人的人际关系，如同"一块石头丢在水面上所发生的一圈圈推出去的波纹"（费孝通，2004），人与人之间因亲疏远近而表现出有差异的次序关系。郑伯埙（2006）将差序格局应用于领导关系的研究，并提出"差序型领导"的概念，认为企业领导会对下属进行分类并进行差别对待。刘军等（2009）进一步将差序概念引入组织层面研究，提出"组织差序氛围"的概念，并将其界定为组织成员对于围绕资源掌控者所形成的差异关系的认知。组织差序氛围越浓郁，越会造成组织内部产生严重的"群体分化"，即形成所谓的"圈子"。成员之间的互动会因群体的存在而出现分异，典型表现是，成员与成员之间会习惯性地区分"圈内人"和"圈外人"（刘军等，2009），资源分配和情感归属也会出现显著差异（沈伊默等，2019）。沿此逻辑，当存在利益冲突时，群体与群体之间可能会因关系疏远而出现"损人利己"的情况。综上所述，组织差序氛围越浓厚，组织成员对于不同群体间的差别认知程度则会越高。

以往研究表明，组织差序氛围会对一系列组织变量产生消极影响，如团队合作（刘军等，2009）、组织创新绩效（彭正龙和赵红丹，2011）、公民组织行为（沈伊默等，2019）等。具体到舞弊决策情景下，当舞弊行为仅对与自己关系不密切的个体造成伤害时，组织差序氛围的程度将会对行为主体的舞弊决策产生显著影响。前已述及，一个组织的差序氛围越为浓厚，组织成员对于不同群体间的差别认知程度越高，即表现为差序歧视合理化程度越高。高程度的差序歧视合理化将会导致舞弊行为人仅重视"圈内人"的情绪感受，而对"圈外人"表现出情感冷漠。由此而来，当

215

受害者与舞弊行为人的关系不密切时，高程度的差序歧视合理化会使舞弊行为人产生较低程度的道德谴责感，继而对其职务舞弊行为倾向产生影响。

基于上述分析，本章进一步提出如下假设：

H4a：组织差序氛围对行为人的差序歧视合理化具有正向影响。

H4b：组织差序氛围对行为人差序歧视合理化的影响会进一步诱使其职务舞弊倾向增强。

（二）变量设计及说明

1. 被解释变量

假设 H4a 的被解释变量为差序歧视合理化。分别使用量表题项的算术平均值和因子合成值作为差序歧视合理化的代理变量，变量符号分别为 HO 和 HO_f。

假设 H4b 的被解释变量为职务舞弊倾向，采用被试者在差序歧视情景下的职务舞弊倾向作为其度量指标，变量符号为 $Fraud\_HO$。

2. 解释变量

假设 H4a、假设 H4b 的解释变量均为组织差序氛围。沿用刘军等（2009）、沈伊默等（2019）的做法，采用 11 个题项来测度组织差序氛围，如"在团队中，主管与个别下属的感情亲密"等，采用李克特七点评定计分。在本次样本测试中，该量表的克隆巴赫 α 系数为 0.93，具有较高的内部一致性；KMO 值为 0.90 且在 1% 的水平上显著，说明适合进行因子分析，如表 6-15 所示。因子分析结果表明，组织差序氛围测量项目的因子载荷均大于 0.50，说明各项目对所测因子而言均是重要的。

表 6-15 组织差序氛围测量项目的信效度及其因子载荷

因子	测量项目	因子载荷	克隆巴赫 α 系数	KMO 统计量
组织差序氛围	H_1	0.82	0.93	0.90***
	H_2	0.91		
	H_3	0.90		
	H_4	0.76		
	H_5	0.83		
	H_6	0.88		
	H_7	0.86		
	H_8	0.75		
	H_9	0.63		
	H_{10}	0.67		
	H_{11}	0.62		

后续组织差序氛围的测度采用如下两种方法：方法一，取测量题项的算术平均值作为组织差序氛围的代理变量，变量符号为 HA。方法二，取测量题项的因子合成值作为组织差序氛围的代理变量，变量符号为 HA_f，具体程序为：基于特征值大于 1，采用主成分分析法进行公因子提取，共提取出两个公因子，累计贡献率 74.289%。根据因子载荷矩阵，HA_n 代表组织差序氛围的第 n 个公因子，H_n 代表第 n 个测量题项，因子合成表达式如下：

$$HA_1 = -0.097H_1 - 0.140H_2 - 0.131H_3 - 0.036H_4 + 0.257H_5 + 0.298H_6 + 0.277H_7 + 0.193H_8 + 0.080H_9 + 0.144H_{10} + 0.098H_{11} \tag{6-8}$$

$$HA_2 = 0.257H_1 + 0.304H_2 + 0.297H_3 + 0.209H_4 - 0.100H_5 - 0.154H_6 - 0.123H_7 - 0.021H_8 + 0.111H_9 + 0.035H_{10} + 0.092H_{11} \tag{6-9}$$

进一步，根据因子得分和每个公因子可以解释的方差比例，计算得出组织差序氛围的因子合成值，变量符号为 HA_f，HA_f 值越大，代表组织差序氛围程度越高。计算表达式下：

$$HA_f \frac{57.993}{74.289} \times HA_1 + \frac{16.296}{74.289} \times HA_2 \qquad (6-10)$$

3. 中介变量

假设 H4b 的中介变量为差序歧视合理化，分别使用量表题项的算术平均值和因子合成值作为差序歧视合理化的代理变量。

4. 控制变量

控制变量的选取与前文一致。

(三)研究模型

为检验前述研究假设，本研究建立了如下中介效应模型：式（6-11）用于检验假设 H4a；式（6-11）、式（6-12）、式（6-13）联合用于检验假设 H4b：

$$HO_i = \beta_0 + \beta_1 HA_i + \beta_2 Desira_i + \sum \beta Control_i + \varepsilon_i \qquad (6-11)$$

$$Fraud\_HO_i = \alpha_0 + \alpha_1 HA_i + \alpha_2 Desira_i + \sum \alpha Control_i + \varepsilon_i \qquad (6-12)$$

$$Fraud\_HO_i = \gamma_0 + \gamma_1 HA_i + \gamma_2 HO_i + \gamma_3 Desira_i + \sum \gamma Control_i + \varepsilon_i \qquad (6-13)$$

(四)实证结果与分析

表 6-16 报告了差序歧视合理化中介效应的回归分析结果。首先，以组织差序氛围（*HA*）作为解释变量，对被解释变量差序歧视合理化（*HO*）进行回归，结果显示，组织差序氛围（*HA*）的系数为 0.139，且在 5% 的水平上显著，表明组织差序氛围对行为人的差序歧视合理化具有正向影响，假设 H4a 得到检验；然后，以职务舞弊倾向（*Fraud_HO*）为被解释变量，对解释变量组织差序氛围（*HA*）做回归，结果显示，组织差序氛围（*HA*）的系数为 0.176，且在 10% 水平上显著，表明组织差序氛围对行为人的职务舞弊倾向具有正向影响；最后，以职务舞弊倾向（*Fraud_*

HO）为被解释变量，对解释变量组织差序氛围（*HA*）、中介变量差序歧视合理化（*HO*）做回归，结果显示，组织差序氛围（*HA*）的回归系数不显著，但中介变量差序歧视合理化（*HO*）的回归系数显著为正，这说明差序歧视合理化在组织差序氛围和职务舞弊行为之间具有完全中介作用，这与假设 H4b 的理论预期一致。

表 6-16　差序歧视合理化中介效应分析表 I（算术平均值）

变量名称	M4-1	M4-2	M4-3
	HO	*Fraud_HO*	*Fraud_HO*
HA	0.139**	0.176*	0.105
	（2.538）	（1.910）	（1.250）
HO			0.514***
			（6.365）
Gender	−0.534***	−0.443**	−0.168
	（−3.846）	（−1.997）	（−0.771）
Age	0.309**	0.106	−0.053
	（2.578）	（0.542）	（−0.284）
Educa	0.114	0.049	−0.010
	（1.175）	（0.285）	（−0.056）
Work_s	−0.152**	−0.243*	−0.164
	（−1.993）	（−1.957）	（−1.432）
Rank	−0.106	−0.086	−0.031
	（−0.790）	（−0.371）	（−0.139）
Rev	0.005	0.111	0.109
	（0.102）	（1.526）	（1.591）
Faith	−0.291	0.140	0.290
	（−1.121）	（0.309）	（0.697）

续表

变量名称	M4-1	M4-2	M4-3
	HO	*Fraud_HO*	*Fraud_HO*
Equity	−0.238*	0.110	0.232
	（−1.678）	（0.454）	（1.019）
Desira	0.543**	0.585	0.306
	（1.987）	（1.380）	（0.766）
Industry	控制	控制	控制
_cons	0.173	1.932	1.843
	（0.282）	（1.628）	（1.638）
N	349	349	349
R^2	0.167	0.133	0.228
Adj R^2	0.094	0.057	0.158

进一步，研究将变量度量替换成因子合成值，重新回归如表 6-17 所示。其中，模型 M4-1、M4-2 的估计结果没有发生实质性变化，但模型 M4-3 的估计结果有所不同。除中介变量差序歧视合理化（*HO*）的回归系数显著为正以外，解释变量组织差序氛围（*HA*）的系数也同样显著为正，这表明差序歧视合理化在上述关系中具有部分中介作用。但不论如何，上述差异并不影响对本研究假设的验证。

表 6-17　差序歧视合理化中介效应分析表 II（因子合成值）

变量名称	M4-1	M4-2	M4-3
	HO_f	*Fraud_HO*	*Fraud_HO*
HA_f	0.225***	0.503***	0.368***
	（3.160）	（3.614）	（2.783）

续表

变量名称	M4-1	M4-2	M4-3
	HO_f	$Fraud\_HO$	$Fraud\_HO$
HO_f			0.601***
			（5.938）
Gender	−0.415***	−0.396*	−0.147
	（−3.755）	（−1.836）	（−0.686）
Age	0.260***	0.141	−0.016
	（2.747）	（0.741）	（−0.085）
Educa	0.063	−0.011	−0.048
	（0.808）	（−0.061）	（−0.284）
Work_s	−0.131**	−0.258**	−0.179
	（−2.150）	（−2.142）	（−1.595）
Rank	−0.059	−0.015	0.021
	（−0.556）	（−0.067）	（0.094）
Rev	0.005	0.109	0.106
	（0.150）	（1.541）	（1.577）
Faith	−0.206	0.182	0.306
	（−0.999）	（0.404）	（0.735）
Equity	−0.191*	0.106	0.221
	（−1.673）	（0.448）	（0.987）
Desira	0.425*	0.484	0.228
	（1.937）	（1.124）	（0.558）
Industry	控制	控制	控制
_cons	−1.145***	2.738**	3.426***
	（−2.679）	（2.583）	（3.336）
N	349	349	349
R^2	0.180	0.162	0.245
Adj R^2	0.109	0.089	0.176

二、心理契约破坏感、责备归因与职务舞弊行为：调查研究证据

本部分将心理契约破坏感作为信息情景，对心理契约破坏感是否会成为行为人责备归因合理化的诱发因素进行考察，同时深入探讨在这一信息情景下行为人职务舞弊决策的心理作用路径。

（一）理论分析与假设

心理契约描述员工与组织之间形成的隐性的、不成文的相互期望，后被罗韦尔（Rousseau，1989）界定为员工对契约关系中双方互负责任的一种信念。心理契约的形成往往以"承诺"为基础，一旦组织未履行其本应履行的承诺或责任，员工的心理契约破坏感便会相应产生。已有研究认为，心理契约破坏感是指员工对于组织未履行承诺或责任的主观感知，用于描述员工对于所得少于承诺的一种认知性评价（沈伊默和袁登华，2007）。根据社会交换理论，员工与组织之间存在责任与义务方面的互利互换，并且这种互换是均衡的、互惠的。所以，当员工感知的心理契约破坏感越强时，为了保持互换均衡，员工基于自我补偿需求而产生的消极行为动机则越强，并且员工会将这种消极行为动机归因于对方理亏在先，从而表现出对责备归因合理化的更高认同。除此之外，情感事件理论指出，某一消极事件的经历会导致行为人产生消极的情感态度。因此，心理契约破坏感的产生会导致员工对组织产生失望、不满等一系列的消极情感评价，并对组织违约在先的行为表现出强烈的失衡感和报复感，因此会出现更高程度的责备归因合理化。

作为消极心理感知的代表，心理契约破坏感会对员工一系列的态度和行为产生负面影响，如员工离职意愿（沈伊默和袁登华，2007）、员工工作满意度（樊耘等，2011）、员工建言行为（曹科岩和李宗波，2016），

以及员工创造力（沈伊默等，2019）等。前已述及，根据社会交换理论，为了保持组织—员工责任义务的互换均衡，当员工感知到的心理契约破坏感越强时，员工意愿通过职务舞弊行为来实现自我补偿的倾向性则越强。并且在此情景下，员工可以将舞弊行为的责任归因于组织有错在先，从而削弱道德谴责感对自身不当行为的约束力。综合上述，在舞弊决策的情景下，行为人的心理契约破坏感越强，其对责备归因合理化的接受认可程度越高，因而表现出越强的自我补偿需求以及越高的职务舞弊行为倾向。

基于上述分析，本章进一步提出如下假设：

H5a：心理契约破坏感对行为人的责备归因合理化具有正向影响。

H5b：心理契约破坏感对行为人责备归因合理化的影响会进一步诱使其职务舞弊倾向增强。

（二）变量设计及说明

1. 被解释变量

假设 H5a 的被解释变量为责备归因合理化，分别使用量表题项的算术平均值和因子合成值作为责备归因合理化的代理变量，变量符号分别为 BA 和 BA_f。

假设 H5b 的被解释变量为职务舞弊倾向，采用被试者在责备归因情景下的职务舞弊行为倾向作为其度量指标，变量符号为 $Fraud\_BA$。

2. 解释变量

假设 H5a、假设 H5b 的解释变量均为心理契约破坏感。沿用沈伊默和袁登华（2007）的做法，采用四个题项测度心理契约破坏感，如"虽然我履行了对公司（组织）的承诺，但公司（组织）违背了许多对我的承诺"等，采用李克特七点评定计分。在本次样本测试中，心理契约破坏感的克隆巴赫 α 系数为 0.88，表明具有较好的内部一致性程度；KMO 值为 0.81 且在 1% 的水平上显著，说明适合进行因子分析，如表 6–18 所示。

因子分析结果表明，心理契约破坏感测量项目的因子载荷均大于 0.50，说明各项目对所测因子而言均是重要的。

表 6-18　心理契约破坏感测量项目的信效度及其因子载荷

因子	测量项目	因子载荷	克隆巴赫 α 系数	KMO 统计量
心理契约破坏感	P_1	0.92	0.88	0.81***
	P_2	0.95		
	P_3	0.94		
	P_4	0.63		

后续心理契约破坏感的测度采用如下两种方法：方法一，取测量题项的算术平均值作为心理契约破坏感的代理变量，变量符号为 PCB。方法二，取测量题项的因子合成值作为心理契约破坏感的代理变量，变量符号为 PCB_f，具体程序为：基于特征值大于 1，采用主成分分析法进行公因子提取，共提取出一个公因子，累计贡献率 75.512％。根据因子载荷矩阵，PCB_n 代表心理契约破坏感的因子合成值，P_n 代表第 n 个测量题项，因子合成表达式如下：

$$PCB_f = 0.306P_1 + 0.313P_2 + 0.310P_3 + 0.210P_4 \tag{6-14}$$

3. 中介变量

假设 H5b 的中介变量为责备归因合理化。分别使用量表题项的算术平均值和因子合成值作为责备归因合理化的代理变量。

4. 控制变量

控制变量的选取与前文一致。

（三）研究模型

为检验前述研究假设，本研究建立了如下中介效应模型：式（6-15）用于检验假设 H5a；式（6-15）、式（6-16）、式（6-17）联合用于检验假设 H5b。

$$BA_i = \beta_0 + \beta_1 PCB_i + \beta_2 Desira_i + \sum \beta Control_i + \varepsilon_i \qquad （6-15）$$

$$Fraud\_BA_i = \alpha_0 + \alpha_1 PCB_i + \alpha_2 Desira_i + \sum \alpha Control_i + \varepsilon_i \qquad （6-16）$$

$$Fraud\_BA_i = \gamma_0 + \gamma_1 PCB_i + \gamma_1 BA_i + \gamma_3 Desira_i + \sum \alpha Control_i + \varepsilon_i \qquad （6-17）$$

（四）实证结果与分析

表 6-19 报告了责备归因合理化中介效应的回归分析结果，首先，以心理契约破坏感（PCB）作为解释变量，对被解释变量责备归因合理化（BA）进行回归，结果显示，心理契约破坏感（PCB）的系数为 0.141，且在 5% 的水平上显著，表明心理契约破坏感对行为人的责备归因合理化具有正向影响，这与假设 H5a 的预期一致。然后，以职务舞弊倾向（Fraud_BA）为被解释变量，对解释变量心理契约破坏感（PCB）做回归，结果显示，心理契约破坏感（PCB）的系数为 0.287，且在 1% 的水平上显著，表明心理契约破坏感对行为人的职务舞弊倾向具有正向影响。最后，以职务舞弊倾向（Fraud_BA）为被解释变量，对解释变量心理契约破坏感（PCB）、中介变量责备归因合理化（BA）做回归，结果显示，心理契约破坏感（PCB）和责备归因合理化（BA）的系数分别为 0.240 和 0.339，且分别在 5%、1% 的水平上显著，说明责备归因合理化在心理契约破坏感对职务舞弊行为的影响中具有部分中介效应，假设 H5b 得到验证。

表 6-19 责备归因合理化中介效应分析表 I（算术平均值）

变量名称	M5-1	M5-2	M5-3
	BA	*Fraud_BA*	*Fraud_BA*
PCB	0.141**	0.287***	0.240**
	（2.56）	（2.95）	（2.57）

续表

变量名称	M5-1	M5-2	M5-3
	BA	*Fraud_BA*	*Fraud_BA*
BA			0.339***
			（4.73）
Gender	−0.335**	−0.105	0.008
	（−2.25）	（−0.44）	（0.03）
Age	0.046	−0.421**	−0.437**
	（0.37）	（−2.00）	（−2.12）
Educa	0.134	0.265	0.220
	（1.32）	（1.58）	（1.34）
Work_s	−0.045	0.090	0.105
	（−0.54）	（0.67）	（0.80）
Rank	−0.270*	−0.093	−0.001
	（−1.82）	（−0.41）	（−0.01）
Rev	0.050	0.200**	0.183**
	（1.02）	（2.50）	（2.40）
Faith	−0.260	−0.020	0.068
	（−1.12）	（−0.05）	（0.16）
Equity	−0.171	0.217	0.275
	（−1.09）	（0.86）	（1.12）
Desira	0.670**	1.107**	0.880*
	（2.38）	（2.33）	（1.95）
Industry	控制	控制	控制
_cons	0.526	1.621	1.443
	（0.87）	（1.34）	（1.21）
N	349	349	349
R^2	0.157	0.201	0.239
Adj R^2	0.083	0.132	0.170

进一步，将变量度量替换成因子合成值，重新回归如表 6-20 所示，估计结果没有发生实质性变化。

表 6-20 责备归因合理化中介效应分析表 Ⅱ（因子合成值）

变量名称	M5-1	M5-2	M5-3
	BA_f	$Fraud\_BA$	$Fraud\_BA$
PCB_f	0.126**	0.344***	0.289**
	（2.32）	（2.79）	（2.45）
BA_f			0.441***
			（4.79）
Gender	−0.268**	−0.118	−0.000147
	（−2.31）	（−0.49）	（−0.00）
Age	0.0382	−0.416*	−0.433**
	（0.40）	（−1.97）	（−2.09）
Educa	0.103	0.262	0.216
	（1.30）	（1.55）	（1.31）
Work_s	−0.0369	0.0858	0.102
	（−0.57）	（0.64）	（0.77）
Rank	−0.209*	−0.0903	0.00210
	（−1.81）	（−0.39）	（0.01）
Rev	0.0384	0.200**	0.183**
	（1.00）	（2.49）	（2.39）
Faith	−0.205	−0.0263	0.0642
	（−1.14）	（−0.06）	（0.15）
Equity	−0.132	0.220	0.278
	（−1.08）	（0.87）	（1.13）
Desira	0.530**	1.122**	0.888*
	（2.42）	（2.36）	（1.97）
Industry	控制	控制	控制

续表

变量名称	M5-1	M5-2	M5-3
	BA_f	Fraud_BA	Fraud_BA
_cons	−0.801*	2.620**	2.974***
	（−1.85）	（2.27）	（2.63）
N	349	349	349
R^2	0.269	0.186	0.259
Adj R^2	0.204	0.114	0.190

本章小结

本章采用情景模拟的总体研究设计，运用调查研究方法，实证检验了价值贬低维度下，认知合理化对职务舞弊行为的作用机理，以及认知合理化的诱发因素。实证结果表明：（1）在价值贬低维度下，行为人的差序歧视、责备归因合理化程度越高，其实施职务舞弊行为的倾向性越大，且在舞弊行为后所产生的负性情绪水平越低。（2）逐步法、Sobel法及Bootstrap法的模型检验结果均表明，价值贬低维度下，负性情绪在认知合理化与职务舞弊倾向之间具有部分中介作用。（3）价值贬低维度下，不同认知合理化对职务舞弊行为的影响存在敏感性差异，相比之下，差序歧视合理化的影响相对较高，而责备归因合理化的影响则相对较低。（4）组织差序氛围对行为人的差序歧视合理化具有正向影响，并且这种影响会进一步导致行为人的职务舞弊倾向增强。（5）心理契约破坏感对行为人的责备归因合理化具有正向影响，并且这种影响会进一步诱使行为人的职务舞弊倾向增强。

第七章 研究结论与控制策略

本章在前文结构探索以及实证研究的基础之上，总结研究结论，并从"情绪干预机制"与"信息抑制机制"两个层面提出相应的控制策略，以修正原有制度的人性化缺失。

第一节 研究结论

作为现代公司治理架构中理论探讨与实践应用程度最广的职务舞弊动因理论，舞弊三角理论清晰地指出，压力、机会和认知合理化共同构成职务舞弊治理的三大因素。但在过去的治理实践中，认知合理化因素的忽视导致传统舞弊治理机制存在巨大缺口，因而不可避免地引致职务舞弊治理的"短板效应"。与此同时，作为解释行为人道德心理层变量的认知合理化因素，由于其难以捕捉、控制和度量，因此，其相应研究一直处于初级阶段，存在许多尚待突破的研究困境和研究问题，这无疑制约了该因素在理论与实践层面的应用与发展。有鉴于此，本书基于认知合理化视角，尝试展开相应的探索性研究和实证检验，以期为后续的理论发展与实践应用添砖加瓦。

总体而言，本书具体回答了如下研究问题：

第一，在职务舞弊研究领域，认知合理化的内在结构为何？具体包含哪些维度和方法？如何实现对这一内在心理因素的有效测度？

第二，从特定维度层面而言，认知合理化是否影响个体的职务舞弊决策？如果影响，其间的作用机理是什么？不同认知合理化间的影响效应是否存有差异？

第三，在现实环境中，哪些因素会成为诱发个体认知合理化的信息情景，进而沦为个体职务舞弊行为的潜在"催化剂"？

为了回答上述问题，本书主要从以下三个方面进行了研究：第一，从定性研究出发，通过扎根研究和编码分析，实现对职务舞弊认知合理化的结构探索与归纳。进一步，通过系统规范的定量检验，实现对职务舞弊认知合理化内在结构的验证，并编制经信效度检验的测量量表。第二，立足于特定维度层面，探讨认知合理化对职务舞弊行为的影响效应与作用机理，并细化区分考察不同认知合理化对职务舞弊行为影响的敏感性差异。第三，基于信息搜寻的视角，选取相应的实践情景，运用调查或实验研究方法，考察职务舞弊行为中认知合理化的诱发因素。

本书的主要研究结论如下：

第一，职务舞弊行为中认知合理化的内在结构与变量测度。研究通过资料搜集、调研访谈、扎根研究、复核校验、项目提纯、结构验证、信效度检验等多个步骤，实现对职务舞弊认知合理化这一内在心理因素的结构探索与量表开发。结果表明，从内在结构来说，认知合理化呈现出三维八因子的内在结构。二阶层面的三维因子分别为认知重构、责任扭曲和价值贬低，其中，认知重构是指通过认知上对行为的重新解读，从而使职务舞弊行为看起来是可以接受的，一阶构面包括道德辩护、委婉标签和有利比较；责任扭曲是通过转移、分散和忽视等方式来推脱和扭曲自身的舞弊责任，一阶构面包括责任转移、责任分散和结果忽视；价值贬低是通过对舞弊行为的受害者进行价值贬低，从而将职务舞弊行为认定为理所应当，一阶构面包括差序歧视和责备归因。从构念度量来说，本研究为职务舞弊认知合理化的度量构建了包含 27 道题项的正式量表，27 道题项在项目鉴别度、量表整体信度、潜变量信度、内容效度、结构效度（收敛效度、区分效度）及效标效度等方面均通过了检验标准。其中，道德辩护包含四道题项，委婉标签包含三道题项，有利比较包含三道题项，责任转移包含四道题项，责任分散包含三道题项，结果忽视包含三道题项，差序歧视包含四道题项，责备归因包含三道题项。从变量关系来说，本研究从人格特质视角，实证检验了职务舞弊认知合理化的效标效度。其中，马基雅维利主义人格与认知合理化在整体层面、二阶层面、一阶层面都存在着显著的正相关关系；共情特质与认知合理化在整体层面、二阶部分层面、一阶部分层面都存在显著的负相关关系，这说明量表整体的效标效度较好。

第二，认知合理化对职务舞弊行为的影响效应。在认知重构维度下，行为人的道德辩护、委婉标签、有利比较合理化程度越高，其实施职务舞弊行为的倾向性越大。认知重构的关注焦点是"舞弊行为的性质本身"，方法论上是通过认知来实现对行为的重新解读，而目的是将职务舞弊行为从性质上界定为是贴合道德的。因此，认知重构维度的三个合理化机制可以通过"重新界定行为道德性"的方式，进而导致个体实施职务舞弊行为的倾向性增强。在责任扭曲维度下，行为人的责任转移、责任分散、结果忽视合理化程度越高，其实施职务舞弊行为的倾向性越大。责任扭曲维度下的认知合理化，其关注焦点在于"舞弊责任的承担"。因此，责任扭曲维度的三个合理化机制可以通过"扭曲行为责任"的方式，进而导致其实施职务舞弊行为的倾向性增强。在价值贬低维度下，行为人的差序歧视、责备归因合理化程度越高，其实施职务舞弊行为的倾向性越大。区别于认知重构与责任扭曲维度，价值贬低维度下的认知合理化，其进一步将关注焦点转移至"舞弊行为的受害者"。由此而言，价值贬低维度的两个认知合理化机制可以通过"对受害者进行价值贬低"的方式，来减少真实欲望的自我（舞弊者）与理想道义的自我（道德者）之间的内心冲突，进而导致其实施职务舞弊行为的倾向性增强。

第三，认知合理化对职务舞弊行为的作用机理。本研究将行为人的情绪因素纳入认知合理化影响职务舞弊行为的解释框架当中，研究发现，行为人的认知合理化程度越高，其在职务舞弊决策时所产生的负性情绪越低，并且这种影响不论在认知重构、责任扭曲还是价值贬低维度下均显著存在。进一步，本研究通过构建中介效应模型，分别采用逐步回归法、Sobel 法以及 Bootstrap 法进行模型检验，结果表明，负性情绪在认知合理化与职务舞弊倾向之间具有部分中介作用，并且这一情绪作用路径在八项认知合理化因子中均显著成立。

第四，不同认知合理化影响效应的敏感性差异。研究基于模型回归结果，采用似无相关模型（SUR 模型），考察各维度下，不同认知合理化对职务舞弊行为影响的敏感性差异，结果表明，在认知重构维度下，不同认知合理化对职务舞弊行为的影响存在敏感性差异，相比之下，道德辩护和有利比较合理化的影响相对较高，而委婉标签合理化的影响则相对较低。在责任扭曲维度下，不同认知合理化对职务舞弊行为的影响存在敏感性差异，相比之下，责任分散与结果忽视合理化的影响相对较高，而责任转移合理化的影响则相对较低。在价值贬低维度下，不同认知合理化对职务舞弊行为的影响存在敏感性差异，相比之下，差序歧视合理化的影响相对较高，而责备归因合理化的影响则相对较低。

第五，认知重构维度下认知合理化的诱发因素。在道德辩护合理化方面，本研究选取组织认同变量作为配对信息情景，采用调查研究方法，研究发现，组织认同程度越高的行为人，其相应的道德辩护合理化程度越高，因而导致其为了维护组织利益而实施职务舞弊行为的倾向性越大。在委婉标签合理化方面，本研究选取道德认同变量作为配对信息情景，采用调查研究方法，研究发现，在舞弊决策情景下，行为人的道德认同程度越低，其对委婉标签合理化的接受认可程度越高，因而表现为越低的道德自律能力，以及越高的职务舞弊行为倾向。在有利比较合理化方面，本研究选取监管处罚公告作为配对信息情景，采用实验研究方法，研究发现，监管处罚公告所披露的高额舞弊信息会诱使行为人产生有利比较合理化，并导致其职务舞弊倾向增加，但上述影响会因行为人的风险偏好程度而产生差异，在高风险偏好的被试者中，上述影响显著存在，而在低风险风险偏好被试者中，上述影响则不存在。

第六，责任扭曲维度下认知合理化的诱发因素。在责任转移合理化方面，本研究选取威权领导变量作为配对信息情景，采用调查研究方法，研究发现，当下属收到上级的舞弊行为指令时，上级的威权领导程度越高，则下属的责任转移合理化程度越高，因而促使其实施职务舞弊行为的倾向性越大。在责任分散合理化方面，本研究选取工具型组织伦理氛围变量作为配对信息情景，采用调查研究方法，研究发现，当组织当中的工具型伦理氛围越高时，组织成员则越有"条件"通过责任分散合理化来实现自我说服，进而导致其实施职务舞弊行为的倾向性增强。在结果忽视合理化方面，本研究选取重要性水平设定作为配对信息情景，采用实验研究方法，研究发现，当行为人的舞弊金额低于重要性水平的设定金额时，这一信息情景会诱使行为人产生结果忽视合理化，并导致其职务舞弊行为倾向增强，并且上述影响不论在低风险偏好组还是高风险偏好组都显著存在，即上述影响不会因行为人风险偏好程度的不同而产生系统性差异。

第七，差序歧视维度下认知合理化的诱发因素。在差序歧视合理化方面，本研究选取组织差序氛围变量作为配对信息情景，采用调查研究方法，研究发现，组织差序氛围会对行为人的差序歧视合理化产生正向影响，并且当舞弊行为仅对与自己关系不密切的个体造成伤害时，在上述影响的作用下，行为人会表现出更高程度的职务舞弊行为倾向。在责备归因合理化方面，本研究选取心理契约破坏感变量作为配对信息情景，采用调查研究方法，研究发现，在舞弊决策情景下，行为人的心理契约破坏感越强，其对责备归因合理化的接受认可程度越高，因而在自我补偿需求的驱使下表现出更高的职务舞弊行为倾向。

第二节　控制策略

基于前述研究结论可以发现，基于认知合理化视角的职务舞弊控制策略可以从以下两个层面入手：第一，情绪是认识合理化影响职务舞弊行为的重要路径之一，基于作用机理角度，本研究从作用路径角度构建相应的"情绪干预机制"。第二，个体认知合理化的产生并非是凭空捏造的，需要依赖于相应的信息供给，而这种信息的产生既可能来源于某种特定环境，也可能源自于某种特定人格。因此，基于诱发因素角度，本研究从诱发因素角度构建相应的"信息抑制机制"。基于此，本研究在理论分析和实证结论的基础上，结合我国企业的现实情境，从"情绪干预机制"与"信息抑制机制"两个层面提出相应的控制策略。

一、基于情绪干预机制的控制策略

个体情绪的产生与调控一直以来是心理学与行为科学领域的重要研究问题。具体到舞弊决策情景下，想要从作用路径角度抑制认知合理化对职务舞弊行为的影响，主要有以下两条思路：第一，认知合理化之所以对行为人的负性情绪产生影响，主要在于其缓解了行为人的认知失调。因此，我们可以通过强化行为人的认知失调或创造新的认知失调机制，从而使得认知合理化对负性情绪的缓解效应减弱。第二，通过不断地强化和提高个体的情绪成本，从而使得认知合理化难以通过降低情绪影响的方式来作用行为。基于上述思路，本部分将沿着"外在环境→个体特质"的路径，分别从文化与价值观、伦理道德教育、公司治理机制、个人特质因素四个层面进行阐述。

（一）文化与价值观层面

从本质上讲，对认知合理化的情绪约束即所谓的道德自律。那么，个体的道德自律性从何而来？莱因斯坦和泰勒（Reinstein，Taylor，2017）指出，个体道德自律能力的培养与塑造很大程度上取决于组织或特定边界集群内，非正式制度文化浸染的结果。诺斯（North，1990）将非正式制度划分为三类，分别为对正式制度的拓展、补充和修订，社会普遍认可的行为准则以及自我实施的行为准则。在所有的非正式制度中，文化是最为根本的制度基础。具体到舞弊决策情景，想要让制度文化发挥出预期的情绪干预作用，需要满足以下两点条件：其一，非正式制度需要以职业领域内潜在的共同价值观为基础，反映社会公众对行为表现的共同期许。这是因为，在社会实践中，每个个体都会或多或少地受到他人期许的影响，社会期许性越强的行为越会被默认为是合理的和道德的。因此，以共同价值观为基础所构建的文化软约束，更能激发个体在舞弊决策过程的认知失调和负性情绪。其二，文化和价值观所带来的惩罚机制不同于法律措施，对文化制度的违背将会导致人际间信任关系的破碎以及面临严重的声誉危机。声誉是个体通过长期重复博弈所建立起的、包括能力、经验等在内的信号显示，因此，个体声誉的形成具有典型的长期性；与此同时，声誉又表现出典型的易损性，一经损伤将会面临高昂的恢复成本（徐宁等，2017）。声誉的长期性和易损性，使得个体在面临舞弊决策时表现出更强的认知冲突和负性情绪。基于此，具体到行业层面，一个可行的路径是，通过行业性的自律组织以及政府部门的推动，形成从"行业文化→行业价值观→行业行为准则→声誉治理"的制度体系。从企业层面来说，应该以正确的企业文化带动形成正确的企业价值观，继而以共同价值观为基础形成具体的行为准则，并完善相应的声誉治理机制。

（二）伦理道德教育层面

除在文化与道德价值观维度强化行为人的道德自律性以外，我们还可以在伦理道德教育维度发力，通过创造新的认知失调机制从而使得认知合理化对负性情绪的缓解效应减弱。一直以来，舞弊治理实践的严峻性不断推进我国教育质量改革的进程，以会计学为例，全国会计专业学位研究生教育指导委员会2019年新修订的《会计硕士专业学位研究生参考性培养方案》将"商业伦理与会计职业道德"课程新增为专业必修课，从而凸显出职业道德建设的紧迫性和重要性。因此，借助于课程教育平台，我们将认知合理化的基本内涵、行为人经常性使用的合理化机制作为课程教育的基础内容之一，这将有助于职业人员在客观环境下形成一种正确的伦理认知（即对常见的合理化机制持否定态度），从而激活行为主体的认知一致性。换言之，通过伦理教育平台来向执业人员灌输基本的合理化观念，这会让行为人形成一种"警惕式"的自我意识，使得个体对待常见的认知合理化机制产生自发的排斥性。在这种情况下，当行为人试图在压力情景下再次使用合理化机制时，便会产生更为严重的认知失调，以及程度更高的负性情绪反应。此外，将上述治理机制融入伦理道德教育并不仅限于高等院校，在各大营利性或非营利性组织的内部治理中，均可以将其融入组织内部的伦理道德教育框架之中，从而降低认知合理化机制对个体舞弊决策行为的影响。

（三）公司治理层面

从公司治理角度而言，企业在制定内部治理措施时要加大对行为人舞弊情绪成本的考量，具体包含事前与事后的道德情绪成本两个方面：其一，可以通过入职宣誓、签署保证书等事前机制来加大其事前的道德情绪成本。作为一种预防性手段，诸如此类的事前约束机制可以给行为人增加相应的认知枷锁，一旦行为主体打算实施舞弊行为时，认知枷锁的存在会增加行为人决策时的认知失调程度，进而导致其相应的舞弊情绪成本升高。其二，可以建立完善企业内部人举报制度，通过提高舞弊曝光概率来加大其事后的道德情绪成本。舞弊行为曝光会使当事人产生严重的羞愧、内疚等负性情绪（谭文娇等，2012），而且此类负性情绪难以通过认知合理化机制进行化解。本质上，职务舞弊是一种反社会期许的非伦理行为，因此，行为曝光会招致外界一系列的负面评价，这无疑会对行为人的外在形象与声誉造成负面冲击，而认知合理化作为一种自我说服机制，难以对此类由于形象损失所产生的负性情绪发挥缓解作用。

（四）个人特质层面

组织在进行各层次的人才选聘时，不可避免地要对其心理素质加以考量。一方面，本研究中认知合理化量表的开发能够为组织单位考察应聘者的心理因素水平提供了可操作性的方法，测试应聘者是否具有高度的认知合理化倾向，以期从源头上抑制个体职务舞弊行为；另一方面，从情绪干预角度而言，已有心理学研究表明，个体的负性情绪水平与某些特定的人格特质密切相关。从本研究的相关结论来看，马基雅维利主义与共情则属于此类典型特质。马基雅维利主义属于以自我利益追求为导向，擅长操纵且不择手段的一类人格特质，在进化心理学中，与自恋、精神病合称为黑暗三性格。高马基雅维利主义者的典型特征是，擅长权谋、喜好操纵且冷酷无情。正因如此，具备此类人格特质的行为人在追求个人利益的过程中不会因违背道德而产生强烈的内心谴责感。相反，具有高共情特质的个体，在理解他人的状态和感受，并产生情绪性共鸣等方面能力更强（安连超等，2018）。理论上，共情又可被细分为两大成分，分别为情绪共情和认知共情。其中，前者代表对他人情绪的识别与反应，后者代表对他人情绪状态形成因由的理解。因此，具有高共情特质的个体会因较强的情绪鉴别能力而产生较高的负性情绪水平。由此而言，在组织人员选聘的过程中，尤其是在高舞弊风险岗位的选聘上，除满足基本的能力需求以外，企业还应对应聘者的个人特质加以考量，建议优先聘用具有高共情特质的个体，而对高马基雅维利主义特质的个体谨慎聘用。

二、基于信息抑制机制的控制策略

个体认知合理化的产生需要依赖于相应的信息供给，为了探究在实践情境中，哪些因素会成为诱发个体认知合理化的信息情景，本研究利用调查和实验研究方法，对认知合理化因素在组织实践中的诱发信息进行了识别、设计和检验，以期从信息源头上构建相应的抑制策略。基于前文实证结论，本研究从认知重构、责任扭曲、价值贬低三个维度展开相应的控制策略阐述。

（一）认知重构维度

"道德辩护"的信息情景很大程度上来源于个体道义与社会道德的两难困境。舞弊行为等道德决策有时候往往面临着社会的义气、朋友的友情、亲人的亲情，以及组织的忠诚等个体道义因素的考验。本研究从组织认同角度发现，组织认同会成为个体道德辩护合理化的诱发因素。组织认同之所以对个体舞弊决策产生显著影响，重要原因是组织认同将个体行为与观念框限于服务组织利益和组织目标。因此，针对这一问题背后的治理意义，体现在两个方面：第一，从监管方监管角度而言，监管机构或行业协会应在高效开展职业培训的同时，将组织认同议题纳入职业交流的范畴，减轻执业"愚忠"情形的出现，另外，应积极从社会规范和职业规范层面拓展企业道德文化观的边界，建立和完善有效的社会声誉与职业声誉治理机制；第二，从第三方审查角度而言，以鉴证业务为例，注册会计师应辩证看待企业组织认同与组织忠诚现象，可考虑将"员工高度组织认同"与"组织利益服务型企业价值观"同时出现视为重要的舞弊风险提示信息。

"委婉标签"依赖于精心编织的华丽辞藻来掩饰行为背后的道德丧失，从行为角度而言，可以被理解为是出于心理防御本能而使用的一种"文字游戏"。研究发现，个体对委婉标签合理化的接受认可程度与其道德认同水平负相关。从治理角度而言，对委婉标签合理化的抑制需要依赖于个体的道德认知，而个体道德认知的形成是一个社会学习的动态过程，需要通过观察和模仿，依据外在环境的预期对一系列道德特征形成认知，因此，需要通过塑造良好的社会—组织文化价值观来进行潜移默化的影响和作用。

"有利比较"因素会导致监管处罚公告对小额舞弊决策的威慑作用失效。墨菲（Murphy，2012）的研究表明，对于类似"有利比较"这样的认知机制，其本质上是个体为了缓解道德谴责而寻找的自我托辞，仅需要通过事前明确、事前教育、事前警示的方式就能够起到很好的抑制效果。基于此，监管部门应该考虑在不断完善职业道德体系建设的同时，将这种"传递自省信号"的手段纳入宣传教育过程，从而起到相应的治理作用。除此之外，本研究的实验结果还表明，有利比较的不良认知在高风险偏好的被试者中更为突出，这也提醒我们，在监管实践中应该更加注重对高风险偏好高管的宣传教育和职业道德治理。

（二）责任扭曲维度

"责任转移"的信息源头产生于他人的指使、命令或教唆。通过本书研究，我们发现领导者的个人特质会显著影响到下属的认知与行为。尤其在伦理决策的情景下，威权领导的四大特征（独断专权、贬低下属、信息操控、教令训导）会使得企业上下级关系中缺少必要的交流、互动与约束，公司氛围表现为"上尊下卑"式的等级制度，极易让下属员工成为领导意志的盲目执行者。从公司治理的角度而言，可考虑从三角治理结构和人格特质两个方面着手。一方面，需要强化企业的共同治理模式，优化公司治理结构，提升公司治理效率。在共同治理的结构模式下，董事会、监事会和经理层三个利益"角位点"所构成的三角形治理结构形成了企业内部的监督与制约机制。目前，我国企业存在着严重的"三角"相互兼任情况，当处于下端"角位点"的经理层权力失去制衡时，经理层的"角位点"则与董事会和监事会"角位点"所在直线相接近，三个利益"角位点"所构成"锥形"的高度变低，这种情况会导致高管权力过大以及制衡机制失效。在此情形下，经理层的违规指令会缺乏约束和牵制。另一方面，在企业用人选聘时，要注重对其人格特质的考量。尤其是对于那些处于成熟期和衰退期的企业而言，在聘用领导阶层的过程中，谨慎选择具有威权领导特质的个体。与初创期和成长期不同，成熟期和衰退期企业的领导者更容易产生"乐享其成"的心态，因此，更易导致其在伦理决策问题上产生偏差。

个体的"责任分散"往往滋生于不良的组织伦理氛围或社会环境中。缺乏道德自律性的组织氛围或社会环境会让个体降低道德底线，并展开不良的模仿行为。并且不良的组织伦理氛围还会传递出认知合理化的诱发信息，加剧群体的责任分散效应。本研究发现，工具型组织伦理氛围诱使行为人产生责任分散合理化。工具型组织伦理氛围的典型特征是，组织成员以利己主义为核心，凡事讲究以个人利益最大化为目标，而不会对他人的利益加以考量。从治理角度而言，企业应注重顶层文化建设，避免工具型组织伦理氛围的滋生，更加倡导注重利他主义精神的关怀型组织伦理氛围，严厉禁止企业内部恶性的工具式竞争，强调良性的竞合式竞争，这将有利于企业形成良性的文化合力，提升企业的核心竞争力。

"结果忽视"本质上运用的是一种"精妙"的概念混淆手段，其理论逻辑大致可概括为以下两步：第一步，将事件的焦点从性质转化为对量的关注；第二步，基于某一标准，将事件描述为是近乎无害的。而本研究实证检验的"重要性水平设定"因素，正是此类标准之一。本研究认为，想要从根本上实现对结果忽视合理化的信息抑制，需要着重遏制结果忽视过程的第一步，通过职业伦理道德培训、企业伦理文化塑造，以及企业惩罚制度建设等手段，将个体内心中"无害＝可行"的潜在认知过程扼杀在摇篮之中。

（三）价值贬低维度

"差序歧视"是一种具有中国特色的认知合理化机制，中国人独特的"私"的个性，造就了中国独特的"差序格局"，人与人之间因亲疏远近而表现出有差异的次序关系。本研究通过实证检验发现，组织差序氛围对行为人差序歧视合理化的形成具有正向影响。组织差序氛围越浓郁，越会造成组织内部严重的"群体分化"。当存在利益竞争和冲突时，群体与群体之间可能会因关系疏远、情感冷漠而出现"损人利己"的情况。从治理角度角度而言，组织内部应时刻警惕"群体分化"和"圈子文化"的出现，由于情感归属和资源分配存在差异，这会导致企业内部的信任程度和凝聚力下降，不同组织成员之间难以实现真正的跨阶层合作，这将有损于企业的价值创造。

"责备归因"的诱发信息主要源自于不公平认知所引发的心理契约破坏，诸如持续性的人际剥削以及隐性契约违背等因素。心理契约破坏感的产生会导致员工对组织产生失望、不满等一系列的消极情感评价，对组织违约在先的行为表现出强烈的失衡感和报复感，因此会出现更高程度的责备归因合理化。从治理角度而言，一方面，心理契约的形成往往以"承诺"为基础，这意味着企业在履行权力的同时要注重对双方互负责任的履行；另一方面，企业在实施激励机制时应注重对个体心理需求的考量。一般而言，完整的心理契约包含对以下七个方面的期望：良好的工作环境、任务与职业取向的吻合、安全与归属感、报酬、价值认同、培训与发展的机会、晋升。因此，建议企业在设计激励体系时，应从上述各方面综合考量员工的心理诉求，从显性激励和隐性激励两个角度进一步完善企业内部的员工激励体系。

参考文献

安连超、张守臣、王宏、马子媛、赵建芳:《共情对大学生亲社会行为的影响:道德推脱和内疚的多重中介作用》,《心理学探新》2018 年第 4 期。

白智奇、陈艳、王晰、于洪鉴:《国有上市公司业绩与高管隐性腐败研究——基于行为经济学视角》,《科研管理》2018 年第 2 期。

曹科岩、李宗波:《心理契约破坏与员工建言行为的关系:领导成员交换的调节作用》,《心理科学》2016 年第 3 期。

陈关亭:《我国上市公司财务报告舞弊因素的实证分析》,《审计研究》2007 年第 5 期。

陈强:《高级计量经济学与 STATA 应用》,高等教育出版社 2014 年版。

陈艳、陈邑早、于洪鉴:《责任分散合理化、负性情绪与舞弊行为倾向》,《会计论坛》2017 年第 2 期。

陈艳、樊星、程媛:《CEO 权力强度、过度自信与财务报告舞弊》,《现代财经(天津财经大学学报)》2017 年第 10 期。

陈邑早、陈艳、于洪鉴:《会计舞弊行为决策中的合理化因素:分析与展望》,《外国经济与管理》2019 年第 7 期。

陈邑早、陈艳、于洪鉴:《基于认知合理化的会计舞弊治理:研究基础与框架策略》,《会计论坛》2020 年第 1 期。

樊行健、肖光红:《关于企业内部控制本质与概念的理论反思》,《会计研究》2014 年第 2 期。

樊耘、纪晓鹏、邵芳:《雇佣契约对心理契约破坏影响的实证研究》,《管理科学》2011 年第 6 期。

费孝通:《乡土中国》,北京出版社 2004 年版。

傅晓、李忆、司有和:《家长式领导对创新的影响:一个整合模型》,《南开管理评论》2012 年第 2 期。

姬浩、吕美、苏兵、朱治安："中国式过马路"行为的意愿研究,《中国安全科学学报》2013 年第 8 期。

姜树广、陈叶烽:《腐败的困境:腐败本质的一项实验研究》,《经济研究》2016 年第 1 期。

金花妍、刘永泽:《基于舞弊三角理论的财务舞弊识别模型研究——支持向量机与 Logistic 回归的耦合实证分析》,《大连理工大学学报(社会科学版)》2014 年第 1 期。

孔晨、陈艳:《风险偏好、过度自信与国有企业管理层职务舞弊倾向研究》,《山西财经大学学报》2016 年第 2 期。

孔晨、于洪鉴、陈艳:《过度自信、预期后悔情绪与国有企业高管职务舞弊行为的实验研究》,《中国海洋大学学报(社会科学版)》2015 年第 6 期。

李根强:《伦理型领导、组织认同与员工亲组织非伦理行为:特质调节焦点的调节作用》,《科学学与科学技术管理》2016 年第 12 期。

李嘉、杨忠:《威权领导对团队建言氛围的影响机制研究》,《经济管理》2018 年第 7 期。

李敬、项晶、王泽霞:《基于灰色关联法的管理舞弊风险评价模型研究》,《宁夏大学学报(人文社会科学版)》2013 年第 3 期。

连玉君、廖俊平:《如何检验分组回归后的组间系数差异?》,《郑州航空工业管理学院学报》2017 年第 6 期。

刘军、章凯、仲理峰:《工作团队差序氛围的形成与影响:基于追踪数据的实证分析》,《管理世界》2009 年第 8 期。

刘文彬、井润田:《组织文化影响员工反生产行为的实证研究——基于组织伦理气氛的视角》,《中国软科学》2010 年第 9 期。

刘永泽、唐大鹏:《关于行政事业单位内部控制的几个问题》,《会计研究》2013 年第 1 期。

卢馨、李慧敏、陈烁辉:《高管背景特征与财务舞弊行为的研究——基于中国上市公司的经验数据》,《审计与经济研究》2015 年第 6 期。

陆恒、刘燕平:《大学生厌学现象矫正——基于中和技术理论与惩罚理论视角》,《中国青年研究》2017 年第 11 期。

潘煜、高丽、张星、万岩:《中国文化背景下的消费者价值观研究——量表开发与比较》,《管理世界》2014 年第 4 期。

彭正龙、赵红丹:《团队差序氛围对团队创新绩效的影响机制研究——知识转移的视角》,《科学学研究》2011 年第 8 期。

沈伊默、袁登华:《心理契约破坏感对员工工作态度和行为的影响》,《心理学报》2007 年第 1 期。

沈伊默、诸彦含、周婉茹、张昱城、刘军:《团队差序氛围如何影响团队成员的工作表现?——一个有调节的中介作用模型的构建与检验》,《管理世界》2019 年第 12 期。

石磊:《道德型领导与员工越轨行为关系的实证研究——一个中介调节作用机制》,《预测》2016 年第 2 期。

苏欣、殷楠:《会计舞弊内部治理中公司董事会职能的缺失和重塑》,《产业经济研究》2010 年第 5 期。

谭文娇、王志艳、孟维杰:《道德情绪研究十年:回顾与展望》,《心理研究》2012 年第 6 期。

谭艳艳、汤湘希:《会计伦理决策影响因素研究——基于计划行为理论的检验》,《会计研究》2012 年第 9 期。

唐大鹏、吉津海、支博:《行政事业单位内部控制评价:模式选择与指标构建》,《会计研究》2015 年第 1 期。

唐大鹏、武威、王璐璐:《党的巡视与内部控制关注度:理论框架与实证分析》,《会计研究》2017 年第 3 期。

王端旭、郑显伟:《员工道德认同与任务绩效:基于人际交换关系视角》,《商业经济与管理》2014 年第 11 期。

王海林:《企业内部控制缺陷识别与诊断研究——基于神经网络的模型构建》,《会计研究》2017 年第 8 期。

王汉瑛、田虹、邢红卫:《内部审计师的亲组织非伦理行为:基于双重认同视角》,《管理科学》2018 年第 4 期。

王敏、李瑕:《舞弊三角与财务舞弊的识别——来自我国上市公司的经验证据》,《财会月刊》2011 年第 30 期。

王兴超、杨继平、高玲:《公民道德推脱问卷的中文版修订》,《心理与行为研究》2013 年第 6 期。

王哲、张爱卿:《内部企业社会责任对员工反生产行为的影响——组织认同的中介和理想主义道德标准的调节》,《经济管理》2019 年第 8 期。

韦琳、徐立文、刘佳:《上市公司财务报告舞弊的识别——基于三角形理论的实证研究》,《审计研究》2011 年第 2 期。

魏峰、朱千林:《CEO 诚信与中小企业成长:组织氛围和企业规模的效用研究》,《科学学与科学技术管理》2019 年第 2 期。

温忠麟、叶宝娟:《中介效应分析:方法和模型发展》,《心理科学进展》2014 年第 5 期。

翁清雄、胡啸天、陈银龄:《职业妥协研究:量表开发及对职业承诺与工作倦怠的预测作用》,《管理世界》2018 年第 4 期。

吴娜、李文立、吕欣、柯育龙:《泄露他人隐私行为意向的影响要素研究》,《科研管理》2015 年第 11 期。

伍中信、陈玲琳:《基于舞弊三角理论对农业上市公司财务报告舞弊的识别研究》,《财会月刊》2015 年第 15 期。

席仲恩:《量表编制:理论与应用》,重庆大学出版社 2016 年版。

谢熹瑶、罗跃嘉:《道德判断中的情绪因素——从认知神经科学的角度进行探讨》,《心理科学进展》2009 年第 6 期。

谢熹瑶、罗跃嘉:《道德判断中的情绪因素——从认知神经科学的角度进行探讨》,《心理科学进展》2009 年第 6 期。

徐宁、吴皡玉、王帅:《动力抑或负担?——高管声誉双重治理效用研究述评与展望》,《外国经济与管理》2017 年第 10 期。

杨继平、王兴超、高玲:《道德推脱的概念、测量及相关变量》,《心理科学进展》2010 年第 4 期。

杨中芳:《如何研究中国人》,桂冠图书股份有限公司 1996 年版。

姚洋、秦子忠:《人性的差异性与儒家政治结构》,《开放时代》2017 年第 6 期。

于洪鉴、陈艳、陈邑早:《CEO 个人特质与企业投资行为研究:研究视角及未来展望》,《当代经济管理》2018 年第 2 期。

占小军、陈颖、罗文豪、郭一蓉:《同事助人行为如何降低职场不文明行为:道德推脱的中介作用和道德认同的调节作用》,《管理评论》2019 年第 4 期。

张宏伟、李晔:《两种道德自我调节机制下的道德行为》,《心理科学进展》2014 年第 7 期。

张淑华、刘兆延:《组织认同与离职意向关系的元分析》,《心理学报》2016 年第 12 期。

章发旺、廖建桥:《伦理型领导与伦理问题报告:道德效力与道德认同的作用》,《管理评论》2017 年第 12 期。

赵国宇、唐红:《内部人控制、审计监督与管理者利益侵占》,《审计与经济研究》2012 年第 4 期。

郑伯埙:《差序格局与华人组织行为》,《中国社会心理学评论》2006 年第 2 期。

周泽将、刘中燕、胡瑞:《CEO vs CFO:女性高管能否抑制财务舞弊行为》,《上海财经大学学报》2016 年第 1 期。

朱秀梅、王天东:《创业者幽默如何激发团队创业激情?——团队心理安全和团队情感承诺的多重中介作用》,《经济管理》2019 年第 6 期。

Bandura A., "Selective Moral Disengagement in the Exercise of Moral Agency", *Journal of Moral Education*, Vol.31, No.2, 2002.

Albrecht W. S., Wernz G. W., Williams T. L., *Fraud : Bringing Light to the Dark Side of Business*, Irwin Professional Pub. 1995.

Aquino K., Reed A., "The Self-importance of Moral Identity", *Journal of Personality and Social Psychology*, Vol.83, No.6, 2002.

Ashforth B. E., Mael F.,"Social Identity Theory and the Organization", *Academy of Management Review*, Vol.14, No.1, 1989.

Bandura A., "Moral Disengagement in the Perpetuation of Inhumanities", *Personality and Social Psychology Review*, Vol.3, No.3, 1999.

Bandura A., Caprara G. V., Barbaranelli C., et al., "Sociocognitive Self-regulatory Mechanisms Governing Transgressive Behavior", *Journal of Personality & Social Psychology*, Vol.80, No.1, 2001.

Bandura A., *Social Foundations of Thoughts and Actions: A Social Cognitive Theory*, Englewood Cliffs : Prentice-Hall, 1986.

Boardley I. D., Kavussanu M., "The Moral Disengagement in Sport Scale-short", *Journal of Sports Sciences*, Vol.24, No.14, 2008.

Brown T. J., "Advantageous Comparison and Rationalization of Earnings Management", *Journal of Accounting Research*, Vol.52, No.4, 2014.

Carmeli A., Gilat G., Waldman D. A., "The Role of Perceived Organizational Performance in Organizational Identification, Adjustment and Job Performance", *Journal of Management Studies*, Vol.44, No.6, 2007.

Cavanaugh G. F., Fritzsche S. G., "Using Vignettes in Business Ethics Research", *Research in Corporate Social Performance and Polic*, Vol.7, 1985.

Cressey D. R., "Other People's Money: A Study in the Social Psychology of Embezzlement", *International Review of Modern Sociology*, Vol.19, No.3, 1953.

Dahling J. J., Whitaker B. G., Levy P. E., "The Development and Validation of a New Machiavellianism Scale", *Journal of Management*, Vol.35, No.2, 2009.

Damasio A., "Neuroscience and Ethics: Intersections", *American Journal of Bioethics*, Vol.7, No.1, 2007.

Davis M. H., "A Multidimensional Approach to Individual Differences in Empathy", *Journal of Personality and Social Psychology*, Vol.10, No.85, 1980.

Desai N., Trompeter G., Wright A., "How Does Rationalization and Its Interactions with Pressure and Opportunity Affect the Likelihood of Earnings Management?", *SSRN Working Paper*, 2010.

Doll W. J., Xia W., Torkzadeh G., "A Confirmatory Factor Analysis of the End-user Computing Satisfaction Instrument", *Mis Quarterly*, Vol.18, No.4, 1994.

Festinger L., *A Theory of Cognitive Dissonance*, Palo Alto: Stanford University Press, 1957.

Fornell C., Larcker D. F., "Evaluating Structural Equation Models with Unobservable Variables and Measurement Error", *Journal of Marketing Research*, Vol.18, No.1, 1981.

Gentile M. C., *Giving Voice to Values: How to Speak Your Mind When You Know What's Right*, Yale University Press, 2010.

Greene J., Sommerville R., Nystrom L., Darley J., Cohen J., "An fMRI Investigation of Emotional Engagement in Moral Judgment", *Science*, Vol.293, 2001.

Haidt J., "Morality", *Perspectives on Psychological Science*, Vol.3, No.1, 2008.

Haidt J., *The Moral Emotions*, New York: Oxford University Press, 2009.

Jackson D. L., Gillaspy J. A., Purc-Stephenson R., "Reporting Practices in Confirmatory Factor Analysis: An Overview and Some Recommendations", *Psychological Methods*, Vol.14, No.1, 2009.

Jeanette N., White G. P., Lee A., "Design and Validation of a Novel New Instrument for Measuring the Effect of Moral Intensity on Accountants' Propensity to Manage Earnings", *Journal of Business Ethics*, Vol.84, No.3, 2009.

Jones E., "Rationalisation in every-day life", *Journal of Abnormal Psychology*, Vol. 3, 1908.

Kahneman D., Tversky A., "Prospect Theory: An Analysis of Decision under Risk", *Econometrica*, Vol.47, No.2, 2000.

Kliemann D., Young L., Scholz J., et al., "The Influence of Prior Record on Moral Judgment", *Neuropsychologia*, Vol.46, No.12, 2008.

Kunda Z., "The Case for Motivated Reasoning", *Psychological Bulletin*, Vol.108, No.3, 1990.

Lee E. S., Park T. Y., Koo B.,"Identifying Organizational Identification as a Basis for Attitudes and Behaviors: A Meta-analytic Review", *Psychological Bulletin*, Vol.141, No.5, 2015.

Mael F., Ashforth B. E., "Alumni and Their Alma Mater: A Partial Test of the Reformulated Model of Organizational Identification", *Journal of Organizational Behavior*, Vol.13, No.2, 1992.

Marsh H. W., Hocevar D., "Application of Confirmatory Factor Analysis to the Study of Self-concept: First- and Higher Order Factor Models and Their Invariance Across Groups", *Psychological Bulletin*, Vol.97, No.3, 1985.

Mayhew B.W., Murphy P. R., "The Impact of Authority on Reporting Behavior, Rationalization and Affect", *Contemporary Accounting Research*, Vol.31, No.2, 2014.

Mcalister A. L., Bandura A., Owen S. V, "Mechanisms of Moral Disengagement in Support of Military Force: The Impact of Sept.11", *Journal of Social & Clinical Psychology*, Vol.25, No.2, 2006.

Moore C., Detert J. R., Treviño L. K., et al., "Why Employees do Bad Things: Moral Disengagement and Unethical Organizational Behavior", *Personnel Psychology*, Vol.65, No.1, 2012.

Murphy P. R., Dacin M. T., "Psychological Pathways to Fraud: Understanding and Preventing Fraud in Organizations", *Journal of Business Ethics*, Vol.101, No.4, 2011.

Murphy P. R., "Attitude, Machiavellianism and the Rationalization of Misreporting", *Accounting Organizations & Society*, Vol.37, No.4, 2012.

North D. C., *Institutions, Institutional Change and Economic Performance*, Cambridge University Press, 1990.

Nunnally J. C., *Psychometric theory*, New York：McGraw-Hill, 1978.

Palmer D., "Extending the Process Model of Collective Corruption", *Research in Organizational Behavior*, Vol.28, No.4, 2008.

Parlindungan R., Africano F., Elizabeth P., "Financial Statement Fraud Detection Using Published Data Based on Fraud Triangle Theory", *Advanced Science Letters*, Vol.23, No.8, 2017.

Reinstein A., Taylor E. Z., "Fences as Controls to Reduce Accountants' Rationalization", *Journal of Business Ethics* , No.3, 2017.

Rousseau D. M., "Psychological and Implied Contracts in Organizations", *Employee Responsibilities & Rights Journal*, Vol.2, No.2, 1989.

Skousen C. J., Wright C. J., Smith K. R., "Detecting and Predicting Financial Statement Fraud: The Effectiveness of the Fraud Triangle and SAS No. 99", *Advances in Financial Economics*, Vol.37, 2008.

Steele C. M., "The psychology of self-affirmation: Sustaining the Integrity of the Self ", *Advances in Experimental Social Psychology*, Vol.21, 1988.

Sykes G. M., Matza D., "Techniques of Neutralization: A Theory of Delinquency", *American Sociological Review*, Vol.22, No.6, 1957.

Tangney J. P., "Assessing Individual Differences in Proneness to Shame and Guilt: Development of the Self-Conscious Affect and Attribution Inventory", *Journal of Personality and Social Psychology*, Vol.59, No.1, 1990.

Tsang J. A., "Moral Rationalization and the Integration of Situational Factors and Psychological Processes in Immoral Behavior", *Review of General Psychology*, Vol.6, No.1, 2002.

Victor B., Cullen J. B., "The Organizational Bases of Ethical Work Climates", *Administrative Science Quarterly*, Vol.33, No.1, 1988.

Zhong C. B., Liljenquist K., "Washing Away Your Sins: threatened morality and physical cleansing", *Science*, Vol. 313, No. 5792, 2006.

责任编辑：陆丽云　曹　春

图书在版编目（CIP）数据

基于认知合理化视角的职务舞弊形成机理与控制策略研究／陈邑早　著 .—
　　北京：人民出版社，2024.6
ISBN 978－7－01－026311－3

I.①基… 　II.①陈… 　III.①职务犯罪－研究－中国 　IV.① D924.304

中国国家版本馆 CIP 数据核字（2024）第 032984 号

基于认知合理化视角的职务舞弊形成机理与控制策略研究

JIYU RENZHI HELIHUA SHIJIAO DE ZHIWU WUBI XINGCHENG JILI YU
KONGZHI CELÜE YANJIU

陈邑早　著

人 民 出 版 社 出版发行
（100706　北京市东城区隆福寺街 99 号）

北京汇林印务有限公司印刷　新华书店经销

2024 年 6 月第 1 版　2024 年 6 月北京第 1 次印刷
开本：710 毫米 ×1000 毫米 1/16　印张：16.5
字数：215 千字

ISBN 978－7－01－026311－3　定价：98.00 元

邮购地址 100706　北京市东城区隆福寺街 99 号
人民东方图书销售中心　电话（010）65250042　65289539